期权炼金术

廖禄民 著

地震出版社
Seismological Press

图书在版编目（CIP）数据

期权炼金术 / 廖禄民著 .—北京：地震出版社，2018.1

ISBN 978-7-5028-4705-0

Ⅰ.①期…　Ⅱ.①廖…　Ⅲ.①股票交易—基本知识　Ⅳ.① F830.91

中国版本图书馆 CIP 数据核字（2015）第 304571 号

地震版　XM3677

著作权合同登记　图字：01-2017-8940

期权炼金术

廖禄民　著

责任编辑：薛广盈　吴桂洪

责任校对：孔景宽

出版发行：地震出版社

北京市海淀区民族大学南路 9 号　　邮编：100081

发行部：68423031　68467993　　传真：88421706

门市部：68467991　　传真：68467991

总编室：68462709　68423029　　传真：68455221

证券图书事业部：68426052　68470332

http：//www.dzpress.com.cn

E-mail：zqbj68426052@163.com

经销：全国各地新华书店

印刷：三河市嵩川印刷有限公司

版（印）次：2018 年 1 月第一版　2018 年 1 月第一次印刷

开本：710 × 1000　1/16

字数：190 千字

印张：13.25

书号：ISBN 978-7-5028-4705-0/F（5401）

定价：38.00 元

序　文

此次蒙地震出版社及中国台湾大亿出版社王孝平总编之盛情邀约，希望能出版一本具有独特风格的期权书籍，我自然是盛情难却，不得不在每日的工作与行情中挤出时间来完成这项任务，但心想我并非天纵英才，何德何能可以在人才辈出的神州大地写一本教人操作期权的书呢？但市场多年的训练让我迅速做出决策。满口答应了这个邀请。

周星驰主演的电影《唐伯虎点秋香》中七省文状元兼参谋将军，对着周星驰扮演的小书童华安说："一乡二里共三夫子，不识四书五经六义，竟敢教七八九子，十分大胆！"

确实，天生叛逆的我十分地大胆。20 世纪 90 年代时，期货几乎是与投机赌博划上等号的，而我毅然决定进入期货业就是个冒进的举动。回想当年，下出我的第一手美国标准普尔 500 期指（当时一大点是 500 美元的跳动，约 3300 元人民币）时，行情小小的波动就是我好几个月的薪水，我可以清楚地听到我的每一次心跳声，甚至怀疑心脏是否就要从嘴中跳了出来。

因此写这本书只不过是在我的大胆行径中再多加一笔而已，也幸好在台湾我已出版过了有关期货及期权的图书，对于再次创作算是有了些熟悉，触类旁通下应当是可以顺利完成。

中国期权市场的开放，标志着中国资本市场中的风险管理工具更加的完善，也是继股指期货后又一个里程碑。诚如经济学所言，现货与资本市场汇集民间资本让众多的企业得以茁壮成长，进一步促进了民生经济发展，但若缺少了避险的渠道，那资本的投入势必有限，整体市场的规模必然无法发展壮大。而期权正提供了这样的避险渠道，是整体市场扩容发展不可或缺的一环，长期而言更有助于资本市场的稳健发展。

能参与其中更是一件令人激动与光荣的事。自2013年起在中国的许多次演讲与研讨会上，即针对期权提供我的所知所学，教学相长之下，也让我获益匪浅。我的感想是付出的越多，收获也就越多。不过多多少也有些遗憾，虽然我热切地想将我对于期权的所知与投资朋友交流，但时间短暂且参加的人有限，无法与更多的人分享。因此若是能透过图书的方式，与素未谋面的朋友也能沟通投资理念，那不是更棒的一件事吗?

对于期权交易，投资者面对的是一个全然不同的品种。以往无论是股票或期货都是线性的报酬，而期权所具有的非线性报酬曲线将使交易策略更为多元化，无论是涨、跌、盘整，都可以透过某个期权的策略来达到获利的目标。

投资大师乔治·索罗斯说过“先进场，再研究”，但也因为期权对广大投资朋友而言毕竟是个较新的领域，投资者如何在一开始就有正确的操作观念是相当重要的一件事。因为再好的工具，如果使用不当，不只无法达到避险、投机、获利等目标，甚至可能过度地曝险而不自知，一旦市况反转，肯定要缴不少学费给市场。

通常这学费会超出人们的想象，市场的学费往往是最贵的。菜根谭作者洪自诚曰:“遇人痴迷处，出一言提醒之，遇人急难处，出一言解救之，亦是无量功德。”笔者学养自然无法与先圣贤哲等相比，但在期权交易的经验上倒是不少，投资者读过此书后，若能有所启发而少走冤枉路，也算是为我添福积德，因此这样双赢的差事自然要勉力为之。

首先要将期权交易的精髓透过本书说个明白是个极大的挑战。太浅显恐让人误解期权就是如此简单，误导一般人贸然投入高风险的期权投资中，太深入则让初级的投资者难以理解。因此本书设定为期权交易的工具书，各有深浅不一的章节，投资者各取所需，斟酌个人情况，拾级而上，浅处亦不可过度忽视，简单的道理通常最不简单，登高后回首品味，或有不同之体悟。

同时我也希望本书能达到化繁入简的目的，既然定位为工具书，就是希望即使是初级的投资者，都能透过简单的分析过程就可以达到水平之上的操作。因此本书并不会如教科书一般，着重在理论与研究。这些目标是循序渐进的，对期权认识不深的朋友可依本书章节依次阅读，水平高者或可直接切入较为高端的期权策略。

台湾慈济的圣严法师开示："欢喜做，干愿受。"为了服膺这智慧话语，最终是开开心心地把这本书完成。此次出版也特别感谢钱龙软件与艾扬软件鼎力相助，另外我的工作伙伴邹心凯、高秉宏、洪国晟协助编写部分内容，让内容更为充实，不胜感激。也感谢永丰金证券总经理叶黄杞、执行副总江伟源、永丰期货副董事长卢立正、总经理杨新德、林诗仁副总、陈清德副总等领导及同人的指导与激励。光大期货副总经理吴建华在期权巡讲上的协助也借此机会致谢。《期货日报》陈邦华总经理、丁笠主任多次的协助与帮忙，特此表达敬意与谢意。

其实，最感谢的还是花钱买这本书的你，希望读完这本书后，让你在期权投资上，可以比别人多"一点"优势，减少学习时间，提早拿到获利的金钥，由"一点"的获利能力成长为千点、万点的高超能力。预祝各位成功！

目　录

第一章　期权市场简介：金融市场的新纪元

经济学有一种理论："需求创造供给。"所以，金融市场会衍生出期权这项产品正是因为市场上存在这样的需求。因此，这项商品从初期的萌芽，到目前的蓬勃发展，并不是一夕之间完成，而是不断地发展演进，由最初的人工喊价，到目前的电子搓合。集中市场与 OTC 市场（柜台交易或场外交易）同步发展，标的商品由原物料，汇率，利率，股指到股票等，交易的设计发展出二元期权、彩虹期权、奇异期权等，金融工程的发展似乎没有极限。

以下我们先针对期权市场是如何产生做介绍，当然，你也会佩服几世纪前的投资者有这么高超的智商，居然发明了期权的交易。

第一节　全球期权市场的演进

大体上，全球期权市场发展都是由股票开始，再演进出期货，最终至期权。

演进过程有快有慢，随着信息科技的不断进步，金融发展后起国家达到完全发展的时间越来越快，而且市场接受度也不低，股票、期货、期权都是金融工具，针对不同客户需求所衍生。

1602 年，荷兰人开始在阿姆斯特河桥上买卖荷属东印度公司股票，这是全世界第一只公开交易的股票，而阿姆斯特河大桥则是世界最早的股票交易所。在那里挤满了等着与股票经纪人交易的投资者，甚至需要警察来维持秩序。

欧洲于 17 世纪人们所熟知的郁金香事件后，建立了郁金香期权市场。1773 年，英国的第一家证券交易所在伦敦的乔纳森咖啡馆成立，1802 年，该证券交易所获得英国政府的正式批准，后来发展成了现在的伦敦证券交易所。

1790 年，美国成立了自己的第一家证券交易所——费城证券交易所。1792 年 5 月 17 日，24 个证券经纪人在纽约华尔街 68 号外一棵梧桐树下签署了《梧桐树协定》。1817 年 3 月 8 日这个组织起草了一项章程，并把名字更改为纽约证券交易委员会，1863 年改为纽约证券交易所。

1848 年，芝加哥交易所（CBOT）成立，提供了农夫谷物商一家远期交易的场所，许多农产品远期交易就在这进行。

20 世纪 20 年代末至 30 年代，经济大萧条爆发，全世界的股票市场呈现萎靡不振的状态，第二次世界大战结束至 20 世纪 60 年代，全世界的股票市场开始复苏，从 20 世纪 70 年代至今，全世界的股票市场出现高度繁荣的局面，不仅股票市场的规模不断发展壮大，股票交易的次数也日趋活跃。

在 20 世纪初，中国上海曾出现多家期货交易所，市场一度出现疯狂热炒。曾在东北大连、营口、沈阳等 15 座城市设立期货交易所。1991 年深圳设立期货交易所。1998 年后，中国大陆的商品期货交易所只剩下上海、大连、郑州三家交易所。到 2006 年 9 月 8 日，中国金融期货交易所在上海挂牌成立，并于 2010 年 4 月 16 日推出其首项产品，沪深 300 股指期货。

至此，中国期货市场已经进入成熟阶段，于是政府便着手规划将市场带向世界化的水平，也就是期权的发展。放眼全球期权早已成熟多时，国内势必将与之接轨，在金融产业的不断变革下，唯有将期权市场推行才能吸引更多投资机会，并且达到市场的整体完备。

第二节　台湾期货及期权市场概况

台湾期权市场发展较早，有许多经验可供参考。首先了解台湾期权市场的发展进程，如图 1–1 所示。

台湾于1995年12月成立“期货市场推动委员会”，台湾期货交易所筹备处于1996年12月正式成立。1997年3月《期货交易法》通过“立法”程序，在相关法律皆具完备，及各界共同努力下，台湾期货交易所于1998年7月21日正式开业，并推出第一项期货商品“台指期货”。之后陆续推出“电子期货”“金融期货”与“小型台指期货”等股价指数期货商品。

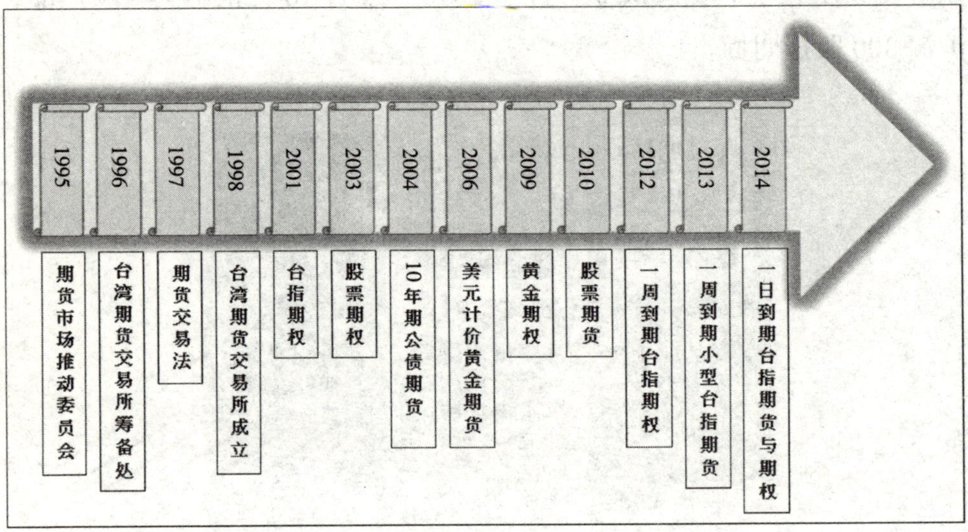

图 1–1

2001年12月推出“台指期权”，台湾期货交易从期货商品拓展至期权商品，市场之避险管道更趋多元化。中间陆续推出“股票期权”“10年期公债期货”“新台币计价黄金期货”“黄金期权”并于2010年1月25日推动“股票期货”上市，以及2012年底推出“周期权”上市。

台湾期货市场发展跟大陆市场差不多，不同的是台湾一开始便从金融类期货出发，因此发展期权相对较早也较容易。自2001年起期权市场推出台股指数期权后，期权成交量便开始以稳定且惊人的幅度增长，在2003年期权的成交量便超越期指，更在2004年达到高峰（占市场89%），之后也稳定在70%的市场占有率，如图1–2所示。

当然，光看市场占有率并不足以完全表现出市场全貌，我们再从商品细项来看，如图 1–3 所示，期货部分的组成也是由金融类期货占大多数，但股票期货已经逐渐成长达 3.76%。目前全世界成交比重最大的商品，在最近几年已转变成为股票的期货与期权，未来中国也会转变为趋向国际化，因此对于股票衍生性商品的需求将会日渐提高。

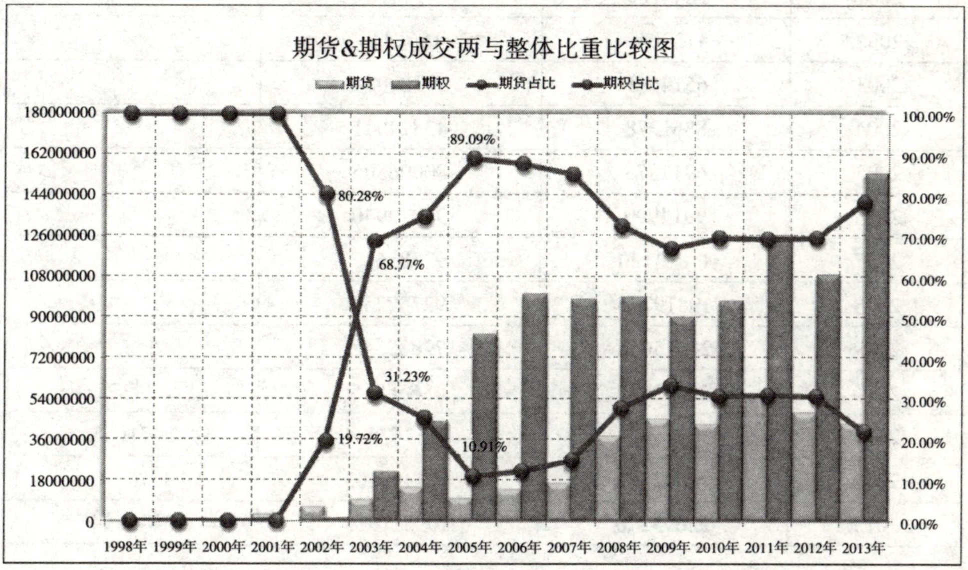

图 1–2

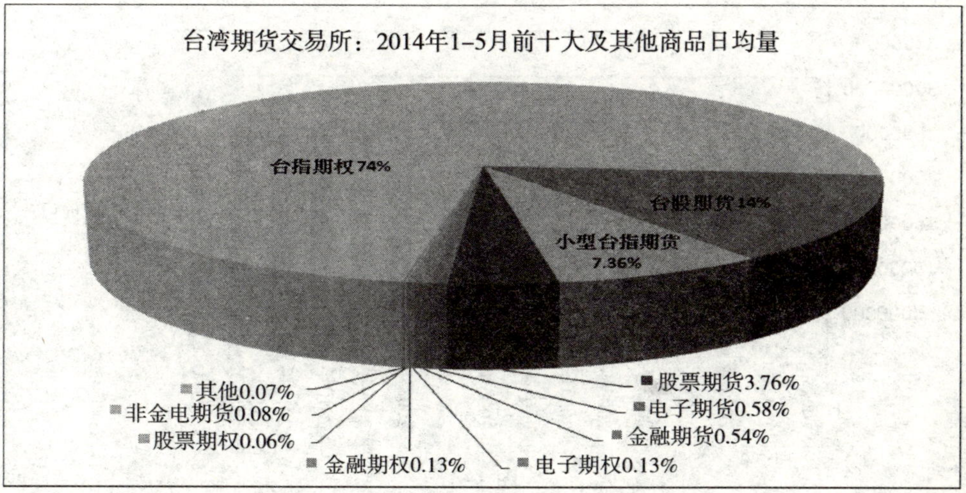

图 1–3

表 1–1 关于年度交易量——台指、期权与个股期货

年份	台指期货（TX）	台指期权（TXO）	个股期货（STF）
1998	277908		
1999	971578		
2000	1339907		
2001	2844709	5137	
2002	4132040	1566446	
2003	6514691	21720083	
2004	8861278	43824511	
2005	6917375	80096506	
2006	9914999	96929940	
2007	11813150	92585637	
2008	19819775	92757254	
2009	24625062	72082548	
2010	25332827	95666916	724375
2011	30611932	125767624	2471605
2012	24642382	108458103	4670750
2013	22693270	109311515	5448554

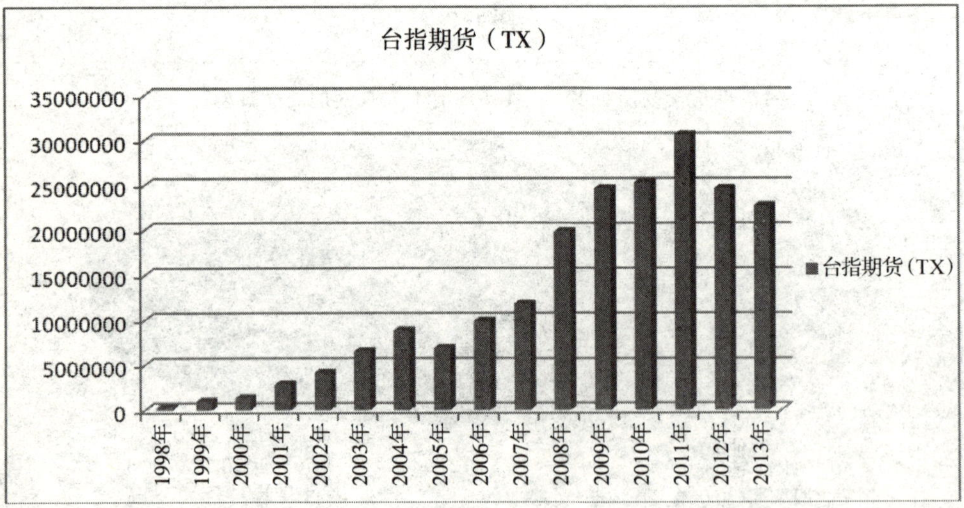

图 1–4

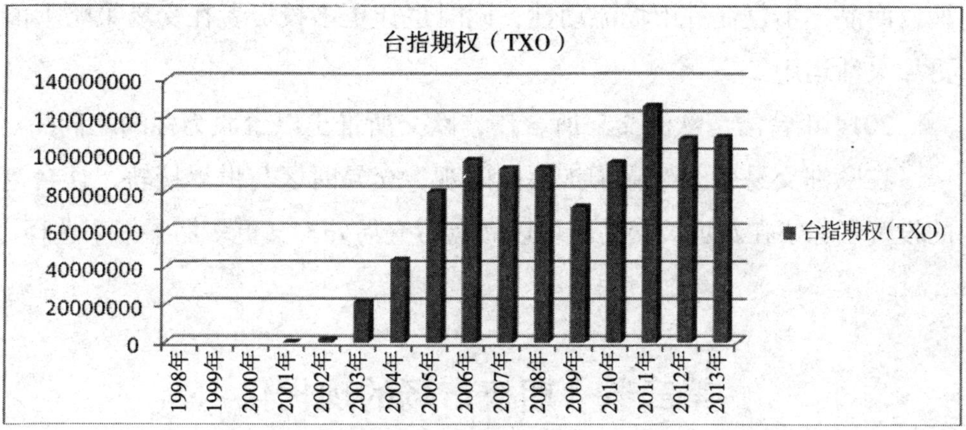

图 1–5

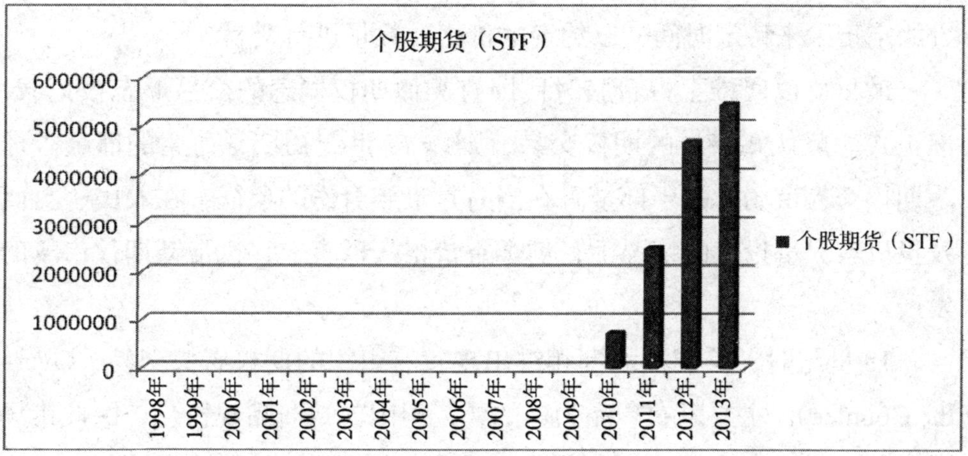

图 1–6

2007 年股指期货有明显量能放大的趋势，因次贷风暴让不少投资者转而建立期货部位以避险。同时也吸引许多以投机为目的的交易者进场，因此 2007 年成为台湾期货市场量能放大的一个关键时间转折点。

台湾期货交易所认为光以加权指数、电子、金融、非金电为标的是不够的，因此在 2010 年新增以个股为标的的个股期货，2010 年至今成交量逐年增长。

2012 年为了短期交易者的需求，增设周期权，以周为单位的股指期权商品，不仅促进市场流动性，同时也让更多投资者在交易策略上能更加灵活运用。

2014 年台湾与欧洲交易所合作，欧交所推出以台股为标的之商品。

在欧洲交易所上架除了扩展国际观，交易时区与世界接轨，让台湾的投资者除了在新加坡交易所可以做盘后交易外，又更多加了一个选择。

第三节　期权市场的现代化

期权（Option）是在期货的基础上产生的一种衍生性金融商品，双方约定于未来特定时间，以约定的价格及数量进行交易。

最早可以回推至古希腊时代即有类似期权概念的交易形态被记载，但正式一般认知最早的期权交易，则以 17 世纪初期，荷兰的郁金香球茎期权交易市场。由于郁金香在当时是贵族身份的象征，在农民、盘商及投机客大量投入的情况下，郁金香价格扶摇直上，也带动期权市场的发展。

18 世纪时，美国及欧洲相继出现较有组织的期权店头交易（Over-the Counter），主要以农产品为标的物，但因欠缺商品规格化，因此市场状况仍呈现混乱的局面，最常发生的是到期无法履约，或是交割方式尚无明确规范。

直到 1934 年，美国证券交易法颁布施行，至此将期权交易正式纳入证管会的管理范围，部分经纪商并筹组协会，建立店头市场的报价与交易体系，但交易仍局限于少数交易商之间的店头买卖，并未有明显的交易量。

1637 年对郁金香狂热的批判手册

Tooneel van FLORA.

Vertonende :

Grondelijcke Redens-onderfoekinge,

vanden

HANDEL DER FLORISTEN.

Ghespeeld/ op de spreucke van Anthonius de Guevara :

Een voorsichtich eerlijck man, sal altijt meer ghedulden, dan straffen.

T'samen gesteld; mits/datter dagelijx :

Uyt haat : spruyt smaad.

Noch is hier by-gevoegt de Lijste van eenige Tulpaen vercocht aende meest-biedende tot Alcmaer op den 25 Februarij 1637. Item 't Lof-dicht van Calliope, over de Goddinne FLORA, &c.

t'AMSTERDAM,

Ghedruckt by Iooft Broersz. Boeck-drucker inde Graeve-straet/ inde Druckerye/ Anno 1637.

图 1–7

1968 在芝加哥期货交易所的筹备下，经过五年的规划于 1973 年 4 月 26 日正式成立芝加哥期权交易所，并以 16 档股票为标的，标准化的交易此标的股票的期权，推出后大受欢迎，量能持续放大。1983 年 CBOE 推出标准普尔 500 股价指数期权，不到一年的时间交易量已超过其他交易所的期权交易量。

1993 年，股票期权市场占有率高达 39%，股价指数类则次之。历经 10 年的发展，股票期权仍占有重要份量。近几年股价指数期权在全球蓬勃发展，于 2003 年，股价指数类期权交易比重已远超股票期权，占所有期权商品交易量比例更高达 62%，股价指数类期权俨然已成期权市场的主流。

第四节　中国期权市场的未来发展

随着市场的逐步开放，且全球金融市场连动性增加的情况下，投资者对于期权这样的风险管理工具的需求更加殷切。未来的发展无可限量。以下是中国各大交易所即将推出的期权品种。

由于各地及各家交易所针对期权的名词目前并未统一，故先行解释。如表 1–2 所示：

表 1–2　名词介绍

中国台湾		中国香港·上海证券交易所		中国四大期货交易所	
Call	Put	Call	Put	Call	Put
买权	卖权	认购期权	认沽期权	看涨期权	看跌期权

（1）上海证券交易所。

（2）上海期货交易所。

（3）中国金融期货交易所。

（4）大连商品期货交易所。

（5）郑州商品期货交易所。

一、上海期货交易所

上海期货交易所目前上市交易的有黄金、白银、铜、铝、锌、铅、螺纹钢、线材、燃料油、天然橡胶、石油沥青、热轧卷板等 12 种期货合约，并推出了黄金、白银和有色金属的连续交易。目前拟推出的期权品种如表 1–3 所示：

表 1-3　期权品种

	铜期货期权	黄金期货期权
合约标的	上海期货交易所铜期货标准合约	上海期货交易所黄金期货标准合约
合约类型	看涨期权，看跌期权	看涨期权，看跌期权
交易代码	看涨期权：CxxxxxCUyymm； 看跌期权：PxxxxxCUyymm	看涨期权：CxxxxxAUyymm； 看跌期权：PxxxxxAUyymm
交易单位（元）	手（1 手期货期权合约同 1 手标的期货合约）	手（1 手期货期权合约同 1 手标的期货合约）
行权方式	交易日 T 日起至最后交易日（含最后交易日）内可行权，T 由交易所另行规定	交易日 T 日起至最后交易日（含最后交易日）内可行权，T 由交易所另行规定
报价单位	同标的铜期货合约	同标的黄金期货合约
最小变动价格	1 元 / 吨	0.01 元 / 克
合约月份	最近 6 个自然月	最近三个连续月份的合约及最近 11 个月以内的双月合约
行权价数量	一个平值期权最少两个实值期权、最少两个虚值期权	一个平值期权最少两个实值期权、最少两个虚值期权
行权价间距	当行权价格低于每吨 50000 元时，行权价格步长取为 500 元； 当行权价格在每吨 50000 元到 80000 元之间时，行权价格步长取为 1000 元； 当行权价格高于每吨 80000 元时，行权价格步长取为 2000 元	当行权价格低于每克 300 元时，行权价格步长取为 10 元； 当行权价格在每克 300 元到 500 元之间时，行权价格步长取为 15 元； 当行权价格高于每克 500 元时，行权价格步长取为 20 元
每日价格最大波动限制	标的期货合约每日价格最大波动额度的两倍	标的期货合约每日价格最大波动额度的两倍

续表

	铜期货期权	黄金期货期权
交易时间	上午 9:00–11:30，下午 13:30–15:00 及交易所规定的其他时间	上午 9:00–11:30，下午 13:30–15:00 及交易所规定的其他时间
期权最后交易日	标的期货合约交割月前第一月的倒数第五个交易日	标的期货合约交割月前第一月的倒数第五个交易日
最低交易保证金	按规则计算产生并由交易所每日公布	按规则计算产生并由交易所每日公布

二、中国金融期货交易所

中国金融期货交易所于 2006 年 9 月 8 日在上海成立。中国金融期货交易所的成立，对于深化金融市场改革，完善金融市场体系，发挥金融市场功能，具有重要的战略意义。主要为打造一个健康规范、高效透明、积极创新、技术先进的金融期货交易所，为提高经济的风险承受能力、增加经济弹性以及促进经济增长发挥积极作用。在 2010 年 4 月推出沪深 300 股指期货取得优异成绩后，目前拟推出沪深 300 股指期权，更加强化了金融商品的风险管理工具（表 1–4）。

表 1–4　沪深 300 股指期权

	股指期权仿真	股指期货
合约标的	沪深 300 指数	沪深 300 指数
合约乘数	100 元 / 点	300 元 / 点
最小变动价位	0.1 点	0.2 点
合约月份	当月、下两个近月和随后两个季月	当月、下月及随后两个季月
涨跌停板幅度	上一交易日收盘价的 10%	上一交易日结算价的 10%
交易时间	上午 9:15–11:30， 下午 13:00–15:15	上午 9:15–11:30， 下午 13:00–15:15

续表

	股指期权仿真	股指期货
最后交易日	各合约到期月份的第三个星期五法定假日顺延	各合约到期月份的第三个星期五法定假日顺延
交割方式	现金交割	现金交割
交易代码	IO	IF
上市交易所	中国金融期货交易所	中国金融期货交易所
合约类型	看涨期权、看跌期权	
行权价格间距	当月与下月合约：50 点； 季月合约：100 点	
执行方式	欧式	

三、大连期货交易所

大连商品交易所成立于 1993 年。目前上市交易的有玉米、黄大豆 1 号、黄大豆 2 号、豆粕、豆油、棕榈油、鸡蛋、纤维板、胶合板、线型低密度聚乙烯、聚氯乙烯、聚丙烯、焦炭、焦煤和铁矿石共计 15 个期货品种，以豆粕期权合约为例，如表 1–5 所示。

表 1–5　豆粕期权合约

合约名称	豆粕期权合约
交易代码	看涨期权（豆粕期货合约代码 –C– 行权价格） 看跌期权（豆粕期货合约代码 –P– 行权价格） MYYMM–C（P）–EP
行权方式	美式
交易单位元	1 手（10 吨）豆粕期货合约
报价单位	元（人民币）/ 吨
最小变动价位	0.5 元 / 吨

续表

合约名称	豆粕期权合约
涨跌停板	标的期货合约当日涨跌停板幅度对应的涨跌额度
合约月份	1、3、5、7、8、9、11、12月
交易时间	每周一至周五上午 9:00–11:30，下午 13:30–15:00
行权价格	行权价格间距的整数倍
行权价格间距	50元/吨
最后交易日	标的期货合约交割月份前一个月的第15个交易日
到期日	同最后交易日

四、郑州商品期货交易所

郑州商品交易所目前上市交易期货品种有小麦（包括优质强筋小麦和普通小麦）、早籼稻、粳稻、棉花、油菜籽、菜籽油、菜籽粕、白糖、动力煤、甲醇、精对苯二甲酸、玻璃。基本形成的综合性品种体系覆盖农业、能源、化工、建材等国民经济重要领域，以白糖期货合约为例，如表1–6所示。

表1–6　白糖期货合约

合约标的	白糖期货合约
合约类型	看涨期权、看跌期权
交易代码	看涨期权（白糖期货合约代码+C+行权价格），看跌期权（白糖期货合约代码+P+行权价格）
交易单位元	1手（10吨）白糖期货合约
行权方式	美式。买方可在到期前的每一交易日闭市（15:00）前提交行权指令、撤销行权指令；买方可在到期日规定时间之前提交或撤销行权指令
报价单位	元（人民币）/吨

续表

合约标的	白糖期货合约
最小变动价位	0.5 元 / 吨
标的合约月份	1、3、5、7、9、11 月
到期月份	白糖期货合约交割月份前两个月及交易所规定的其他月份
行权价格数量	每个交易日以前一交易日结算价为基准，按行权价格间距挂出 5 个实值期权、1 个平值期权和 5 个虚值期权
行权价格间距	行权价格在 3000 元 / 吨以下时，行权价格间距为 50 元 / 吨；行权价格在 3000 元 / 吨以上，7000 元 / 吨以下时，行权价格间距为 100 元 / 吨；行权价格 7000 元 / 吨以上时，行权价格间距为 200 元 / 吨
每日价格最大波动限制	与白糖期货合约每日涨跌停板的绝对数相同。其中，期权跌停板不低于期权最小变动价位
交易时间	与白糖期货合约相同
最后交易日	期权到期月份的最后 1 个交易日
到期日	同最后交易日

五、上海证券交易所

近年来，国际市场金融衍生品的发展日新月异，期权作为最活跃的衍生产品之一，其成交量稳步上升，为投资者提供了灵活的资产配置和风险管理工具，有效地健全了市场的运行机制。

而上海证券交易所于仿真阶段推出 50ETF、180ETF、上汽集团、中国平安等四样衍生性商品。关于商品合约规格如表 1–7 所示：

表 1–7　商品合约

中国平安股票期权合约	
合约标的	中国平安（601318）
合约类型	认购期权、认沽期权
合约单位	1000
最小变动价位	0.001 元
申报单位	张
合约到期月份	当月、下月及随后两个季月
交易时间	开盘集合竞价时间：上午 9∶15–9∶25；连续竞价时间：上午 9∶00–11∶30、下午 13∶00–15∶00
行权时间	上午：9∶15–9∶25、9∶30–11∶30；下午：13∶00–15∶30
最后交易日	到期月份的第四个星期三（遇国家法定节假日顺延）
合约到期日	同最后交易日
行权日	同最后交易日
履约方式	欧式
交割方式	实物交割（特殊情况下，可能采用现金交割）
交易经手费（虚拟资金）	2 元 / 张
上海汽车股票期权合约	
合约标的	上海汽车（600104）
合约类型	认购期权、认沽期权
合约单位	5000
最小变动价位	0.001 元
申报单位	张
合约到期月份	当月、下月及随后两个季月
交易时间	开盘集合竞价时间：上午 9∶15–9∶25；连续竞价时间：上午 9∶30–11∶30，下午 13∶00–15∶00

续表

中国平安股票期权合约	
行权时间	上午：9∶15–9∶25、9∶30–11∶30；下午：13∶00–15∶30
最后交易日	到期月份的第四个星期三（遇国家法定节假日顺延）
合约到期日	同最后交易日
行权日	同最后交易日
履约方式	欧式
交割方式	实物交割（特殊情况下，可能采用现金交割）
交易经手费（虚拟资金）	2元/张
50ETF期权合约	
合约标的	50ETF（510050）
合约类型	认购期权、认沽期权
合约单位	10000
最小变动价位	0.001元
申报单位	张
合约到期月份	当月、下月及随后两个季月
交易时间	开盘集合竞价时间：上午9∶15–9∶25；连续竞价时间：上午9∶30–11∶30，下午13∶00–15∶00
行权时间	上午：9∶15–9∶25、9∶30–11∶30；下午：13∶00–15∶30
最后交易日	到期月份的第四个星期三（遇国家法定节假日顺延）
合约到期日	同最后交易日
行权日	同最后交易日
履约方式	欧式
交割方式	实物交割（特殊情况下，可能采用现金交割）
交易经手费（虚拟资金）	1元/张

续表

中国平安股票期权合约	
180ETF 期权合约	
合约标的	180ETF（510180）
合约类型	认购期权、认沽期权
合约单位	10000
最小变动价位	0.001 元
申报单位	张
合约到期月份	当月、下月及随后两个季月
交易时间	开盘集合竞价时间：上午 9∶15–9∶25；连续竞价时间：上午 9∶30–11∶30，下午 13∶00–15∶00
行权时间	上午：9∶15–9∶25、9∶30–11∶30；下午：13∶00–15∶30
最后交易日	到期月份的第四个星期三（遇国家法定节假日顺延）
合约到期日	同最后交易日
行权日	同最后交易日
履约方式	欧式
交割方式	实物交割（特殊情况下，可能采用现金交割）
交易经手费（虚拟资金）	1 元 / 张

钱龙期权宝行情报价如图 1–8 所示（之后有详细说明如何看懂期权报价）。

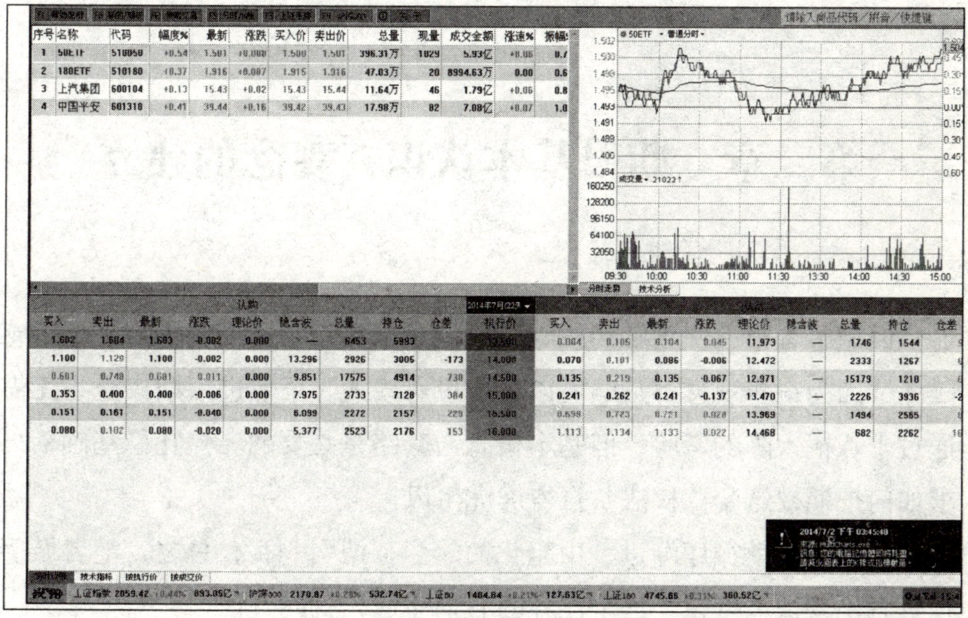

图 1–8

第二章 期权基本认识：观念的建立

回想笔者第一次接触期权时，就像丈二和尚，摸不着头脑，挫折感颇深，因为很多观念都是颠覆以往的思考模式。虽然进入期权交易无需通过十八铜人阵的考验，但基本概念与套路是必要的。先扎稳基础，再求如何把期权这套“权法”打得虎虎生风。

以下我们就循序渐进、由繁化简、旁征博引一番，总之，笔者希望投资者不要被“期权”这个怪异的名词吓退，就此打住。

第一节 期权的概念无所不在

说起期权，这似乎是个陌生且与日常生活并不贴近的金融专业名词，一般人往往望而生畏。但其实中国近代金融市场早就有类似的商品上市，那就是股票权证（Warrant），认购权证基本上等同于看涨期权，而认沽权证则是看跌期权。因为当时的市场参与者知识不足，权证竟成为了一种博傻工具，以下的内容摘录自网络。

1. 交易价超过行权价，华菱、五粮液认沽权证疯狂博傻

2007 年 6 月 14 日注定要写入中国权证市场的发展史，截至收盘华菱认沽报 5.330 元，行权价为 4.769 元，就在这一天，华菱和五粮液两认沽权证的交易价格首度超过了行权价，这意味着，即便这两只权证所对应的正股价格在行权期跌至 0 元，昨日（6 月 14 日）买入这两只权证并持有到期的投资者仍然要面临亏损。认沽权证的交易价格超过行权价，这在伴随股改而诞生的成型的中国权证市场上还是第一次，而在世界权证发展史上也是极为罕见的。这种情况的出现，无法用任何经典的理论来解释，它标志着这两只权证沦为了“博傻工具”。

一位资深衍生品分析师表示，一般而言，如果把权证作为一种套期保值的工具，理性投资者买入认沽品种的收益主要来自于行权期权证行权价高于正股价的那部分差额，而其付出的成本则是买入认沽权证的价格。所以，从理论上来说，无论认沽权证如何被炒作，其交易价格都不应该超过行权价。

2. 历史上对于 A2 权证的投资，充满了“搞笑”的案例

（1）1995 年桂柳工股价仅 2.50 元，转配股价格为 2.60 元，但 A2 权证价格却是 2 元多。也就是说，买入权证的投资者宁愿花费每股 4 元多的价格买桂柳工“期货”股票，也不愿意以 2 元多买现货正股（标的证券）。桂柳工 A2 权证的价格从 1 元多起步，最高炒到 4 元多，最后跌到 0.01 元。

（2）江苏悦达权证，其开盘竟高出“正股”数倍，并出现一天涨 637%的奇观。当最后一个接货者无法博得一个更“傻”的人后，A2 权证开始下跌，此类权证多数从几元钱最终跌到 0.01 元。

为何不管认沽权证如何被炒作，其交易价格都不应该超过行权价？在此先不去探究，等稍后你将之后的章节看完后，自然就会明了。但这案例反映了一些事实，首先，金融市场的操作势必要先做功课，尤其是这类新商品，若一知半解就贸然投入，那肯定是要吃大亏的。其次，期权的概念很大程度地被应用在许多金融商品上。例如所谓的可转换债券（Convertible bond），基本上就是固定收益债券再加上看涨期权的混合商品。由此可见，若是能在此将期权的概念融会贯通，其他衍生性金融商品就不难理解了。

那生活中有没有类似期权的例子呢？我知道有些书籍喜欢以买房子先支付订金为例，但这似乎还不够贴切。我认为最浅显易懂的例子还是彩票，以下我们就以彩票为例，你可比较这与教科书上所说的概念是不是不谋而合（表 2–1）。

表 2–1　彩票与期权

彩票业之角色	期权市场的角色	风险与盈利	权利与义务
买彩票的人	押注者（期权）	风险有限，获利无穷	有权利但没义务履约
彩票发行商	主力（期权卖方）	获利有限，风险无穷	有履约义务
彩票经销商	期货商或证券商	赚取佣金，基本上风险	中介者不承担权利与义务

每张 2 元的彩票，买的人若是没中奖，最大的损失就是 2 元，可是一旦中奖，那就有机会获得 10 倍、百倍，甚至万倍以上的报酬，所以买方风险有限，获利无穷；而卖彩票的人（彩票发行商），假设没被中奖的话，每张彩票最多就赚那 2 元，但若一旦中奖，就得支付倍数以上的彩金给买方，所以说卖方是获利有限，风险无穷。而这 2 元的彩票价格等同于期权市场上的权利金。彩票的买卖双方就等同于期权市场上的买方与卖方。

那我们现在假设彩票有个市场存在，参加者可自行决定要当买方或卖方，而彩票在开奖前可自由买卖转换，彩票价格会依当时的中奖机率而浮动。

例 1，运动彩票可自由交易转让：你用 2 元买彩票，如果球队赢了可得 100 元，比赛到一半，如果球队大幅领先，赢面颇高，这时就有人愿意拿 80 元来买你那原本 2 元的彩票。原本手中 2 元的彩票在到期前（球赛结束）已涨到 80 元，你可就此获利出场（80 元扣掉 2 元成本，获利 78 元），而接手的买家因为判断球队胜率颇高，没意外的话仍可赚 20 元（奖金 100 元扣掉 80 元成本）。但是，如果球队输面高的话，你也可以在彩票剩 1 元时认赔杀出，因为等到球赛结束，损失就是 2 元了。

例 2，你也可以是主力：你如果认为球队不可能赢，换你来卖彩票，收取别人 2 元的押注金。但如果球队的赢面拉高，彩票价格已抬高到 20 元，你也可以赶快在市场上认赔杀出（买进彩票，平仓出场），因为如果不赶快认赔，等到球赛结束，而球队赢球，那当主力的你损失就会是 98 元了（收 2 元但付出 100 元彩金）。

同时彩票的买方就如同期权的买方一般，有权利但没义务去履约，这又是怎么一回事？假设这张彩票中奖了，持有人就“有权利”到彩票发行商那儿去领取奖金，但是你也可选择不去领奖金，“没义务”一定要去领奖，不会有人强制你，只是别人会当你是傻子。而彩票的发行商就如同期权的卖方，当任何人持有中奖的彩票要来换取奖金时，他是“有义务”要支付奖金的。

生活中不只是彩票有这种概念，保险也是类似的，例如我们为汽车投保盗抢险，每年支付少额的保费，如果车子都安好，那保费就落入保险公司口袋，但是车子一旦被盗，保险公司就需支付我们一定比例的赔偿金额。买保险就像是期权的买方，而保险公司的角色就有如期权的卖方。

第二节 看懂T字报价

如何认识期权，我们必须先了解所有与期权相关的一切，诸如看涨期权（Call）、看跌期权（Put）、权利金、行权与价、成交量，熟悉了这些基本概念后，进而探讨时间价值、内含价值、期权实值（In The Money）、平值（At The Money）与虚值（Out The Money）。

学术说法：期权是以期货为基础产生的一种衍生性金融工具。而期权实质上是将权利和义务分开进行定价，使得权利的受让人在规定时间内对于是否进行交易，行使其权利，而义务方（卖方）必须履行。在期权的交易时，购买期权的一方称作买方，出售期权的一方则叫作卖方，买方即是权利的受让人，而卖方则是必须履行买方行使权利的义务人。期权（Option）具“零和游戏”特性，而个股期权及指数期权皆可组合，进行获利或避险交易。

1. 期权的种类

购入现货的权利，称作看涨期权（Call）;

售出现货的权利，称作看跌期权（Put）。

2. 享受权利者和负担或有义务者

享受权利者即为期权买方，或称作持有人。有权利但无义务履约，所以必定在履约可获利时执行权利。

负担或有义务者即为卖方，先收取买方所支付的权利金，当买方要求履约时，有义务依约履行。为防止有违约风险，因此卖方需要交纳一定数额的履约保证金。

期权的一大特色即为权利和义务的不对称。

3. 期权的权利期间

买方权利的行使有一个期限，称作到期日或失效日，而到期日距今的时间即为权利期间。

4. 期权的目标物

期权有不同的交割月份，端视各商品合约规格而定。

5. 行权价（Exercise Price 或 Strike Price）

买卖双方可自行挑选看涨期权或看跌权的行权价格，若买方要求履约，则以此特定价格形成期货的买进或卖出部位，因此，不同的履约价格形成各别的期权契约。

6. 权利金（Premium）

期权价格，买方在进场时即支付权利金给卖方以取得权利。

单从以上的名词你可能还无法理解，没关系，我们就先从看懂 T 字报价开始吧！

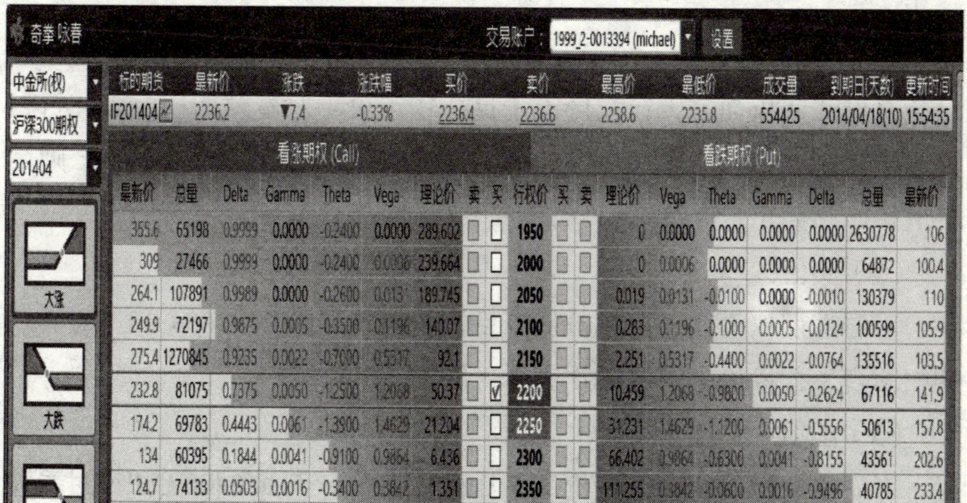

最新价	总量	Delta	Gamma	Theta	Vega	理论价	卖	买	行权价	买	卖	理论价	Vega	Theta	Gamma	Delta	总量	最新价
355.6	65198	0.9999	0.0000	-0.2400	0.0000	289.602			1950			0	0.0000	0.0000	0.0000	0.0000	2630778	106
309	27466	0.9999	0.0000	-0.2400	0.0006	239.664			2000			0	0.0006	0.0000	0.0000	0.0000	64872	100.4
264.1	107891	0.9989	0.0000	-0.2600	0.013	189.745			2050			0.019	0.0131	-0.0100	0.0000	-0.0010	130379	110
249.9	72197	0.9875	0.0005	-0.3500	0.1196	140.07			2100			0.283	0.1196	-0.1000	0.0005	-0.0124	100599	105.9
275.4	1270845	0.9235	0.0022	-0.7000	0.5317	92.1			2150			2.251	0.5317	-0.4400	0.0022	-0.0764	135516	103.5
232.8	81075	0.7375	0.0050	-1.2500	1.2068	50.37		☑	2200			10.459	1.2068	-0.9800	0.0050	-0.2624	67116	141.9
174.2	69783	0.4443	0.0061	-1.3900	1.4629	21.204			2250			31.231	1.4629	-1.1200	0.0061	-0.5556	50613	157.8
134	60395	0.1844	0.0041	-0.9100	0.9864	6.436			2300			66.402	0.9864	-0.6300	0.0041	-0.8155	43561	202.6
124.7	74133	0.0503	0.0016	-0.3400	0.3842	1.351			2350			111.255	0.3842	-0.0600	0.0016	-0.9496	40785	233.4
120.3	188708	0.0089	0.0004	-0.0800	0.0895	0.192			2400			160.035	0.0895	[illegible]	0.0004	-0.9910	42637	274.7

图 2–1

如图 2–1 所示，最左上角是商品代码，是 2014 年 4 月到期的沪深 300 期权，正中央的数列为行权价，某些软件可自行选择行权价由高到低或是由低到高。左边为看涨期权在每个不同行权价下的报价，右边则为看跌期权的报价，最上方为标的期货沪深 300 期指 2014 年

4月的最新价，此部分供期权操作者对照参考，合约将于2014年4月18日到期，目前距到期日还有10天。报价字段中的理论价是运用期权定价理论算出来的期权理论价格，例如行权价2200的看涨期权的理论价为50.37，而目前市场上成交的价格为232.8，这就有如股票一般，我们可以用财务模型算出股票的合理价格，但市场上因为供需的关系，最新价往往与理论价不同。至于Delta、Gamma、Theta、Vega等期权参数则留待稍后说明。基本上期权的报价字段可自行设定，其他如涨跌、最高价、最低价、涨跌幅、总量、未平仓等数据可自行再加入。

7. 平值、实值、虚值

行权价与标的物市价将有以下三种相对关系，假设期货市价在2250。

（1）平值：

对看涨期权而言，行权价等于目标物市价；对看跌期权而言，行权价等于目标物市价；假设期货市价在2250，那2250的Call与Put则为平值。

（2）实值：

对看涨期权而言，行权价低于目标物市价，例如2100 Call；对看跌期权而言，行权价高于目标物市价，例如2400 Put。

（3）虚值：

对看涨期权而言，行权价高于目标物市价，例如2400 Call；对看跌期权而言，行权价低于目标物市价，例如2100 Put。

8. 内含价值（Intrinsic Value）与时间价值（Time Value）

（1）权利金由内含价值（IV）及时间价值（TV）所相加而成。

权利金 = 内含价值 + 时间价值

内含价值是若马上履约可赚取的点数，因此只有实值的期权具有内含价值，假设期货市价在2100，行权价2000的看涨期权马上履约将有

100 点的收益，因此若价格为 150 点，其中内含价值为 100 点，另外的 50 点就是时间价值了。同理可推知，看跌期权中也只有实值的行权价有内含价值。

平值与虚值期权的权利金将全部由时间价值所构成。

（2）时间价值将随着到期日的逼近而加速递减（非线性），如图 2–2 所示。

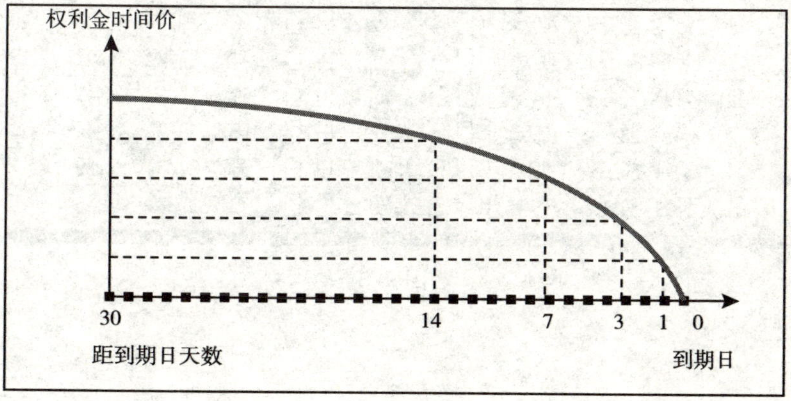

图 2–2

（3）平值的时间价值最大，实值或虚值的期权，时间价值将越小。

（4）时间价值在权利金中所占的比重和实值或虚值的程度及距离到期日的时间有关（后面章节会再详述，在此先有一概念即可）。

如图 2–3 所示，以 2014 年 6 月 4 日沪深 300 的期权报价再简单说明（以下范例均不考虑交易成本）。股指期货价格为 2125.2，而 2100 的 Call 权利金为 64.4，内含价值（Intrinsic Value）则为 2125.2–2100=25.2，因此 64.4–25.2=39.2 为时间价值。

如图 2–3 所示，你可以试着算看看 2200 的 Put 内含价值（Intrinsic Value）与时间价值（Time Value）吗？

标的期货	最新价	涨跌	涨跌幅	买价	卖价	最高价	最低价	成交量	到期日(天数)	更新时间
IF201406	2125.2	▼19	-0.89%	2125.2	2125.6	2142.6	2112.2	560374	2014/06/20(17)	15:51:23

看涨期权 (Call)								看跌期权 (Put)						
最新价	现量	成交量	隐波率	昨持仓量	卖	买	行权价	买	卖	昨持仓量	隐波率	成交量	现量	最新价
2	3	3714	30.36%	17556			2400			6573	50.11%	1760	1	286
2.7	1	4116	27.50%	22663			2350			2995	36.01%	1785	1	228
4.5	10	18824	25.48%	24275			2300			7720	30.26%	8776	1	178.1
10.7	10	13508	26.01%	25360			2250			7438	29.58%	7216	10	134.8
18.9	10	27967	24.48%	49594			2200			17069	27.16%	11410	5	92.9
38	5	19823	25.72%	26054			2150			16631	26.71%	13228	10	59.7
64.4	15	11096	26.37%	39735			2100			27381	27.27%	13407	15	36
98.1	10	7192	26.69%	16466			2050			16933	27.45%	14445	10	19.3
140.3	4	15470	28.91%	19650			2000			19643	28.52%	20946	10	10.1
190.1	4	3924	36.37%	2937			1950			6540	32.40%	9880	1	7
234	3	5859	35.20%	15942			1900			84017	32.38%	10555	9	3

图 2–3

第三节　影响权利金的因素

权利金是市场上交易出来的价格，而这价格受到以下 6 个因素所影响：

1. 期货价格

期权是期货的衍生性商品，因此其价格必受期货价格的影响。若期货目前价格上扬，则看涨期权必跟着水涨船高，而看跌权价格则降低，这是随着行情的变化而变化。

2. 行权价的高低

行权价低的看涨期权其权利金必然高，因为买方有以较低价格买进的权利；反之行权价高的看跌期权其权利金也较高。

3. 权利期间

权利期间，则不论看涨期权和看跌期权此两种权利可行使的期限加长，权利金自然要多付，因此皆为正向的关系。

4. 期货价格波动性

期货价格波动性通常用统计学上的标准偏差（(Standard Deviation）来衡量。波动性愈大的期货商品其期权的价格愈高。以向上波动而言，看涨期权获利无限而看跌期权损失有限；以向下波动来说，看涨期权损失有限而看跌期权获利无限。二者综合，则波动性越大对看涨、看跌期权的买方而言都是有利的，所以权利金会较高。

5. 无风险利率的影响

利率越高，行权价格经折现后价值会愈低，因此对看涨期权的影响是正向的，即价格变高；而对看跌期权是反向的影响。

6. 股票股利

当股票或股价指数在公司发放现金股利时，将使股价及股价指数向下调整，因为持有看涨期权的并不会取得该现金股利，对看涨期权较为不利，故权利金也随之向下调整。反之对看跌期权将是有利。

综上所述，我们将影响权利金的因素整理如表 2–2 所示。

表 2–2　影响权利金的因素

	看涨期权价值	看跌期权价值
现货（期货）价格	+	–
行权价	–	+
存续期间	+	+
波动率	+	+
利率	+	–
现金股利	–	+

第四节 期权定价模型

期权的理论价格是如何计算出来的？因本书内容不着重于理论的介绍与探讨，我们在此仅简单介绍 Black and Scholes Option Model，至于为何要了解定价模型？第一点，评估期权策略，透过数值分析，可充分掌握未来风险及获利。第二点，透过这定价模型，可以与现货价格比对，了解其偏差，预测后市变化，借此调整期权策略。

一、B–S 定价公式

看涨期权价格：

$$C = S \cdot N(d_1) - Le^{-rT}N(d_2)$$

$$d_1 = \frac{\ln\frac{S}{L} + (r + 0.5 \cdot \sigma^2)T}{\sigma \cdot \sqrt{T}}$$

$$d_2 = \frac{\ln\frac{S}{L} + (r - 0.5 \cdot \sigma^2)T}{\sigma \cdot \sqrt{T}} = d_1 - \sigma\sqrt{T}$$

其中，C 为期权初始合理价格；L 为期权交割价格；S 为所交易金融资产现价；T 为期权有效期；r 为连续复利计无风险利率 H；σ^2 为年度化方差；N 为常态分布变量的累积概率分布函数$\left(\frac{1}{\sqrt{2\pi}}\int_{-\infty}^{d_n} e^{-\frac{x^2}{2}}dx\right)$。

看跌期权的价格则用下列第五节 Put Call Parity 所示的方法推算。

二、BS 模型 8 个重要的假设

（1）股票价格行为服从对数常态分布模式。

（2）在期权有效期内，无风险利率和金融资产收益变量是恒定的。

（3）市场无摩擦，即不存在税收和交易成本，所有证券完全可

分割。

（4）金融资产在期权有效期内无红利及其他所得（该假设后被放弃）。

（5）该期权是欧式期权，即在期权到期前不可行权。

（6）不存在无风险获利机会。

（7）证券交易是持续的。

（8）投资者能够以无风险利率借贷资金。

以上介绍 B–S 模型，但实务操作上除非有强大的数据库以及精准的实时运算能力，且由于运用 B–S 模型门坎过高，目前的理论价格，软件商都帮我们算好了，因此读者仅需了解即可。

第五节　看涨期权与看跌期权的评价理论

对同一目标资产（如同一只股票）、同一行权价格、同一到期日就看涨期权与看跌期权来说，在某个时点的看涨期权、看跌期权相对价格（也就是看涨期权减去看跌期权）应该等于当时的股价减去行权价格之折现，否则就会产生获利的机会。如公式：

$$C-P=S-K(1+r)(-T)$$

其中，C 为看涨期权价格；K 为行权价格；P 为看跌期权价格；r 为无风险利率；S 为现货价格；T 为时间。

从上述公式中可以看出看涨期权与看跌权价格是可以互相推算出来的，若违反评价模式就会有获利空间（期权获利之策略可再参阅后面章节）。

因此，从公式中可以解释利率上升，看涨期权价值上升，看跌权期权价值下跌；但股价报酬波动性的变动却不会影响看涨期权与看跌期权的相对价格。

例如，在 2014 年 4 月 21 日某家公司发行的某档认购权证（Call）收盘价是 2.7 元，当天现货股价是收在 25 元，当 6 月 29 日到期（还剩下 68 天，$T=68/365=0.186$），假设利率为 6%，行权价格为 24.14 元，在相同条件下，求出认沽期权（Put）之理论价格。

$P=C-S+K(1+r)^{-T}$

$=2.7-25+24.14(1+0.06)^{-0.186}$

$=1.58$ 所以看跌期权的理论价格应为 1.58 元。

以上是以理论为架构的看涨期权与看跌期权的评价理论，实务上来说我们可以修正成，

$$C+K=S+P \text{ 或 } S=K+C-P$$

其中，C 为 Call 的权利金；K 为行权价；S 为标的物价格；P 为 Put 的权利金。

也就是说，我们可以从平值的行权价进行 Buy Call+Sell Put 来复制一个期货契约，再和期货契约相对照观察是否存在着价差，若是存在价差就可以进行期权获利策略（第七章将对期权获利做详细说明）。

看涨期权、看跌期权、股票（期货）、无风险债券之间的关系，既然以上公式为恒等式，运用小学数学的移项，我们可以得到：

（1）买入看跌期权 = 买入看涨期权 + 卖出股票；

（2）买入看涨期权 = 买入股票 + 买入看跌权；

（3）买入股票 = 买入看涨期权 + 卖出看跌期权；

（4）卖出看涨期权 = 买入股票 + 卖出买权；

（5）卖出买权 = 卖出股票 + 卖出看跌权；

（6）卖出股票 = 买入看跌期权 + 卖出看涨期权；

（7）买入无风险债券 = 买入股票 + 卖出看涨期权 + 买入看跌期权；

（8）卖出无风险债券 = 卖出股票 + 买入看涨期权 + 卖出看跌期权。

标的期货	最新价	涨跌	涨跌幅	买价	卖价	最高价	最低价	成交量	到期日(天数)	更新时间
IF201404	2236.2	▼7.4	-0.33%	2236.4	2236.6	2258.6	2235.8	554425	2014/04/18(10)	15:54:35

看涨期权 (Call)														看跌期权 (Put)						
最新价	总量	Delta	Gamma	Theta	Vega	理论价	卖	买	行权价	买	卖	理论价	Vega	Theta	Gamma	Delta	总量	最新价
355.6	65198	0.9999	0.0000	-0.2400	0.0000	289.602			1950			0	0.0000	0.0000	0.0000	0.0000	2630778	106
309	27466	0.9999	0.0000	-0.2400	0.0006	239.664			2000			0	0.0006	0.0000	0.0000	0.0000	64872	100.4
264.1	107891	0.9989	0.0000	-0.2600	0.0131	189.745			2050			0.019	0.0131	-0.0100	0.0000	-0.0010	130379	110
249.9	72197	0.9875	0.0005	-0.3500	0.1196	140.07			2100			0.283	0.1196	-0.1000	0.0005	-0.0124	100599	105.9
275.4	1270845	0.9235	0.0022	-0.7000	0.5317	92.1			2150			2.251	0.5317	-0.4400	0.0022	-0.0764	135516	103.5
232.8	81075	0.7375	0.0050	-1.2500	1.2068	50.37		☑	2200			10.459	1.2068	-0.9800	0.0050	-0.2624	67116	141.9
174.2	69783	0.4443	0.0061	-1.3900	1.4629	21.204			2250			31.231	1.4629	-1.1200	0.0061	-0.5556	50613	157.8
134	60395	0.1844	0.0041	-0.9100	0.9864	6.436			2300			66.402	0.9864	-0.6300	0.0041	-0.8155	43561	202.6
124.7	74133	0.0503	0.0016	-0.3400	0.3842	1.351			2350			111.255	0.3842	-0.0600	0.0016	-0.9496	40785	233.4

图 2–4

如图 2–4 所示，若以 IF201404 品种为例：

（1）以理论价来计算，运用 $S = K + C - P$，以行权价 2200 计算。

2200+50.37–10.459=2239.9 与目前期货价 2236.2 接近，以行权价 2250 计算。

2250+21.204–31.231=2239.9 与上例算出的值相同。

（2）以市场价格来计算，运用 $S = K + C - P$，以行权价 2200 计算。

2200+232.8–141.9=2290.9 与目前期货价 2236.2 有差距，即表明有获利机会。

以行权价 2250 计算。

2250+174.2–157.8=2266.4 与目前期货价 2236.2 有差距，即表明有套利机会。

标的期货	最新价	涨跌	涨跌幅	买价	卖价	最高价	最低价	成交量	到期日(天数)	更新时间
IF201406	2125.2	▼19	-0.89%	2125.2	2125.6	2142.6	2112.2	560374	2014/06/20(17)	15:51:23

看涨期权 (Call)														看跌期权 (Put)
最新价	现量	成交量	隐波率	昨持仓量	卖	买	行权价	买	卖	昨持仓量	隐波率	成交量	现量	最新价
2	3	3714	30.36%	17556			**2400**			6573	50.11%	1760	1	286
2.7	1	4116	27.50%	22663			**2350**			2995	36.01%	1785	1	228
4.5	10	18824	25.48%	24275			**2300**			7720	30.26%	8776	1	178.1
10.7	10	13508	26.01%	25360			**2250**			7438	29.58%	7216	10	134.8
18.9	10	27967	24.48%	19504			**2200**			17069	27.16%	11410	5	92.9
38	5	19823	25.72%	26054			**2150**			16631	26.71%	13228	10	59.7
64.4	15	11096	26.37%	39735			**2100**			27381	27.27%	13407	15	36
98.1	10	7192	26.69%	16466			**2050**			16933	27.45%	14445	10	19.3
140.3	4	15470	28.91%	19650			**2000**			19643	28.52%	20946	10	10.1
190.1	4	3924	36.37%	2937			**1950**			6540	32.40%	9880	1	7
234	3	5859	35.20%	15942			**1900**			84017	32.38%	10555	9	3

图 2–5

如图 2–5 所示，若以 IF201406 品种为例：

以市场价格来计算，运用 $S=K+C-P$，以行权价 2100 计算。

2100+64.4–36=2128.4 与目前期货价 2125.2 差距甚小，即算入成本的话将无获利机会。

以行权价 2150 计算。

2150+38–59.7=2128.3 与目前期货价 2125.2 差距甚小，即算入成本的话将无获利机会。

上述为看涨期权与看跌期权之平价理论的原理，在实际操作上，这种获利方式是无风险的，原理又很简单，当然各家机构法人会倾全力、通过自动化的软件用最快的速度、用最低的交易成本来获利，一般投资者要通过手动的方式来获利将不易与机构法人竞争。

第六节　期权的功能

一、杠杆操作，获利无限

期权的操作只需先支付小额权利金，相对低于信用融资交易所使用的资金，所以有以小搏大，享有较大投资回报的特性。

二、避险

当投资者不确定市场的发展走势时，为了控制风险，确保获利，便可以支付小额权利金买入期权的方式来从事避险操作。换言之，若错估市场走势，则投资者最多损失权利金的部分，若预测市场走势正确，则获利可能是无限的。以股票市场为例，当股市多空不明，市场看法分歧时，若投资者手中持有现股部位，为避免股市下跌而遭到资产损失，则可买入一看跌期权（Put Options）的方式来避险，未来若股市上涨，则现股部位将从股市中获利，期权商品将不履约，最多的损失为权利金；而若股市下跌，则将执行此一看跌期权来弥补股市的损失。而股票期权因为可以针对个别股票来避险，已成公司派大户普遍应用的金融工具之一。

三、递延投资决策

由于期权的持有者有权于未来的一段期间决定是否执行买入或卖出目标物的权利，因此，首先可给予投资者足够的时间来观察及判断，避免在市场趋势不明朗时做出错误的决策。其次，期权（美式）的持有者可以在期权到期前任何一个工作日执行权利，所以说，持有者在资金不足时可先暂时不执行权利，这对于投资者资金的调度较为有利。

第七节 期权与期货、股票的差异

期权是一种非线性的投资工具，通过保证金制度来进行交易。因此对于广大的股民来说一定要了解它与股票中间的差异，切不可单纯用以往操作股票的概念来进行期权操作（表 2-3）。

表 2-3 期货与期权的比较

期 货		期 权
于市场依买卖结果决定	交割（行权）价格	由交易所决定
无	交易价金	权利金，买方支付给卖方
买卖双方均须缴交	保证金	卖方缴交
无限	发行量	无限
若为实物交割之期货契约，只有卖方有权利决定交割条件	权利主体	买方
买卖双方只有义务没有权利	义务主体	卖方
仅有不同到期月份之分别	契约数量	不同行权价格与到期月份组成众多契约，而且会根据标的资产价格之波动增加新的行权价格
买卖双方之部位均需做每日结算	每日结算	针对卖方部位需进行每日结算
买卖双方均有相同之价格风险	价格风险	买方之最大风险为权利金，卖方之风险极大
于市场依买卖结果决定	交割（履约）价格	由交易所决定
无	交易价金	权利金，买方支付给卖方
买卖双方均无需缴交	保证金	卖方缴交

续表

期　货		期　权
有限	发行量	无限
买卖双方有权利	权利主体	买方
买卖双方有义务	义务主体	卖方
形式上并没有到期日	契约数量	不同行权价格与到期月份组成众多契约，且会根据标的资产价格之波动增加新的行权价格
买卖双方之部位无需做每日结算	每日结算	针对卖方部位须进行每日结算
买卖双方均有相同之价格风险	价格风险	买方之最大风险为权利金，卖方之风险极大

期权与股票的主要差异：

（1）期权是衍生性金融产品；

（2）期权有失效日期；

（3）期权没有固定数量，公司股票则有固定数量；

（4）股票拥有人是公司股东之一，期权拥有人没有公司的任何股份。

第三章　期权太极八法：期权必杀技

期权的策略既多又繁锁，对于初入门者来说，有如天书一般，难以理解。因此作者自创了“期权太极八法”，除运动强身外，也可借此将期权的任督二脉打通。

只不过在讲这些策略之前，我们首先来了解一下策略曲线的构成。

第一节　看懂策略曲线

图 3–1 为买进看涨期权的到期损益图，就是虚线的部分。例如我们以 10 点的权利金买进行权价 2000 点的看涨期权，到期日那天沪深 300 指数的结算价（收盘价）可能会在水平轴线的任一个价格，因为初期先行支付了 10 点的权利金，可视为成本。行权价是 2000 点，价格若落在 2000 点左方，到期将无行权价值（市场上沪深 300 期指的价格比 2000 点还低，直接去市场买就好，因此不会有人傻到要去行权，因为买入的成本将是 2000 点），故将损失 10 点的权利金，2000 点左方的最大损失就是 10 点权利金。若自 2000 点往右，亏损将逐渐缩小，若是价格正好在 2010 点，正好打平成本，这个价格就是盈亏临界点。若价格在 2010 点之上，那就会有获利产生，进入盈利区，价格越往右发展，获利越多。

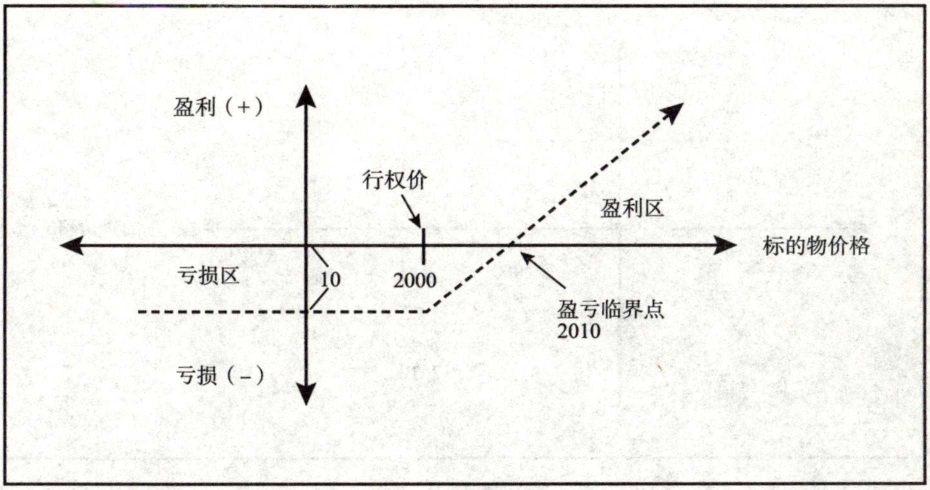

图 3–1

而为何会说是到期损益图呢？因为这是到期日时的结算价所计算出来的，并非一进场就会产生这样的损益，否则买进行权价 2000 点的看涨期权，一进场马上就要亏 10 点，那还有谁敢当买方呢？至于实时损益图或是进场后几天的损益图，则是通过价格的实时变化与期权敏感性参数的计算、推估所得来（于第四章说明）。

图 3–2 为卖出看涨期权的到期损益图，就是虚线的部分。例如我们以 10 点的权利金卖出行权价 2000 点的看涨期权，到期日那一天沪深 300 指数的结算价（收盘价）可能会在水平轴线的任一个价格，因为初期先预收了 10 点的权利金，可视为收入。行权价是 2000 点，价格若落在 2000 点左方，到期将无履约价值，是故将净收 10 点的权利金，2000 点左方的最大收益就是 10 点权利金。若自 2000 点往右，获利将逐渐缩小，若是价格正好在 2010 点，正好不赔不赚，这个价格就是盈亏临界点。若价格在 2010 点之上，那就会有亏损产生，进入亏损区，价格越往右发展，亏损越多。

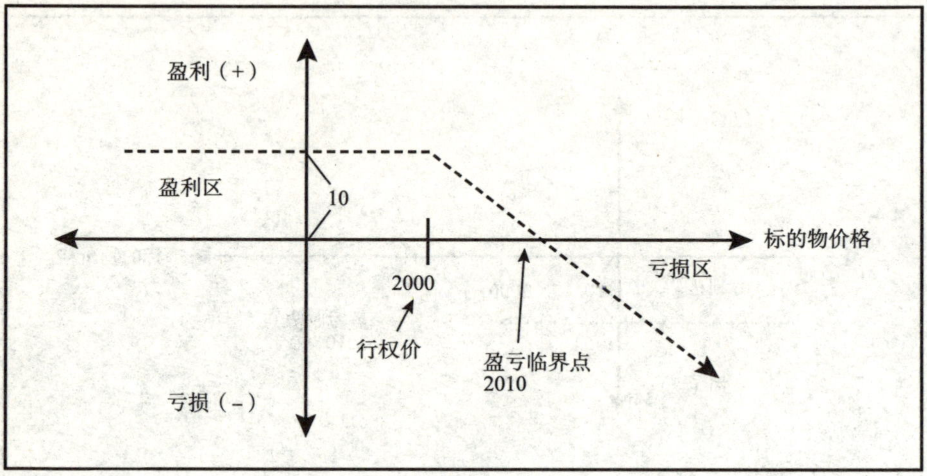

图 3-2

第二节　期权太极八法图解

期权太极八法

1. 太极生两仪（图 3–3）

图 3–3

2. 两仪生四象（图 3–4）

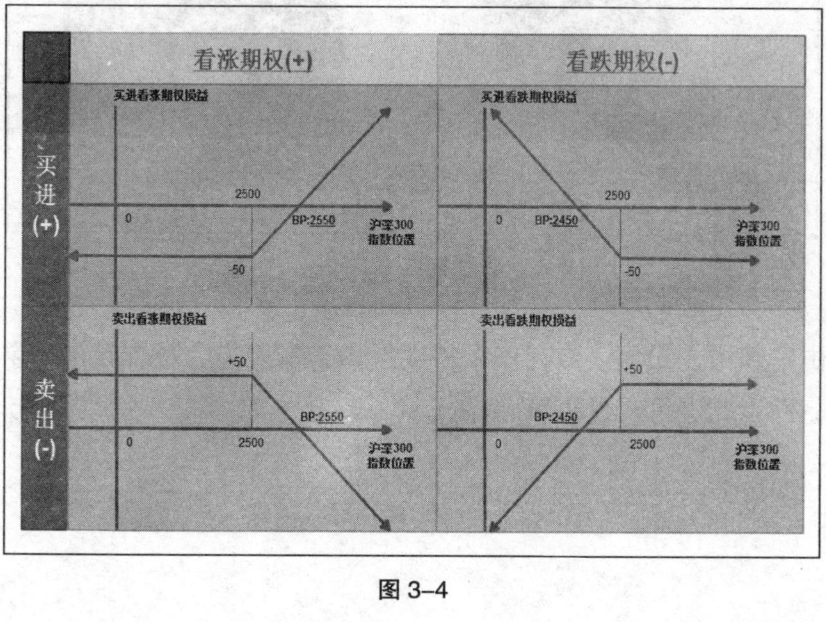

图 3–4

这四象也可运用数学方式来背诵（表 3–1）。

表 3–1　买卖口诀

商　品	看涨期权 Call（正号 +）	看跌期权 Put（负号 –）
买进 buy（正号 +）	正正得正：看多	正负得负：看空
卖出 sell（负号 –）	负正得负：看空	负负得正：看多

3. 四象生八卦

此处我们以中超足球为例，辅以图 3–5 说明。

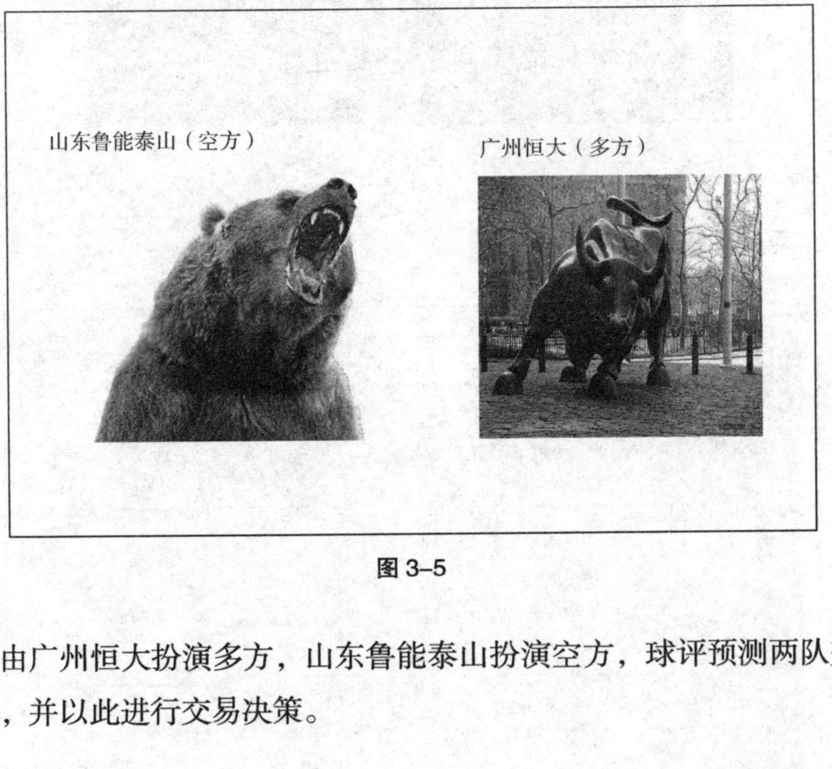

图 3–5

由广州恒大扮演多方，山东鲁能泰山扮演空方，球评预测两队交战状况，并以此进行交易决策。

（1）八卦第一式：大鹏展翅（图 3–6）。

图 3–6

如图 3–7 所示，买进看涨期权 + 买进看跌期权（同行权价）：

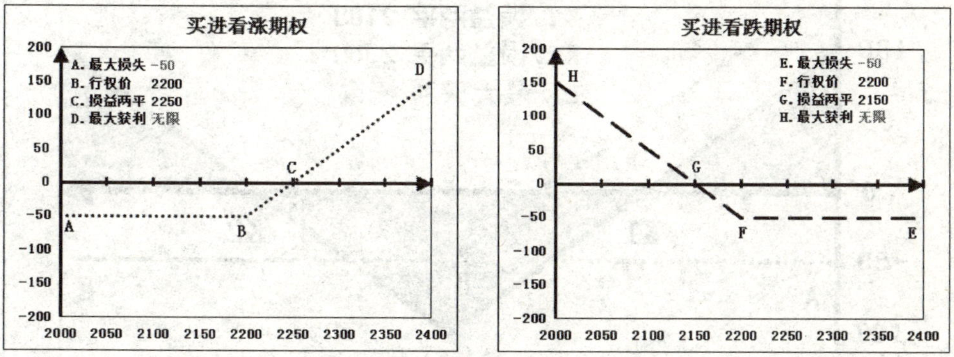

图 3–7

球评：广州恒大与山东鲁能泰山近期都注重攻击不注重防守，预期是大比分结果，可同时押注两边。

运用时机（图 3–8）：当多空不明，但某项消息的公布将使行情不是大涨或是大跌时，即可采用此种同时看多及看空的策略。例如在 PMI 采购经理人指数等重要资料公布前，或是重要的政府政策宣布前。若是个股期权，自然是公司业绩报告等重大讯息公告前。重点是之后行情波动一定要大，否则我们付出 100 点（50 点买看多，50 点买看空）的权利金（彩票）将归零。回到指数面，若是行情在 2200 点，之后的行情至少要往上突破 2300 点或是跌破 2100 点才会赚钱。最大损失为 100 点（50+50）。

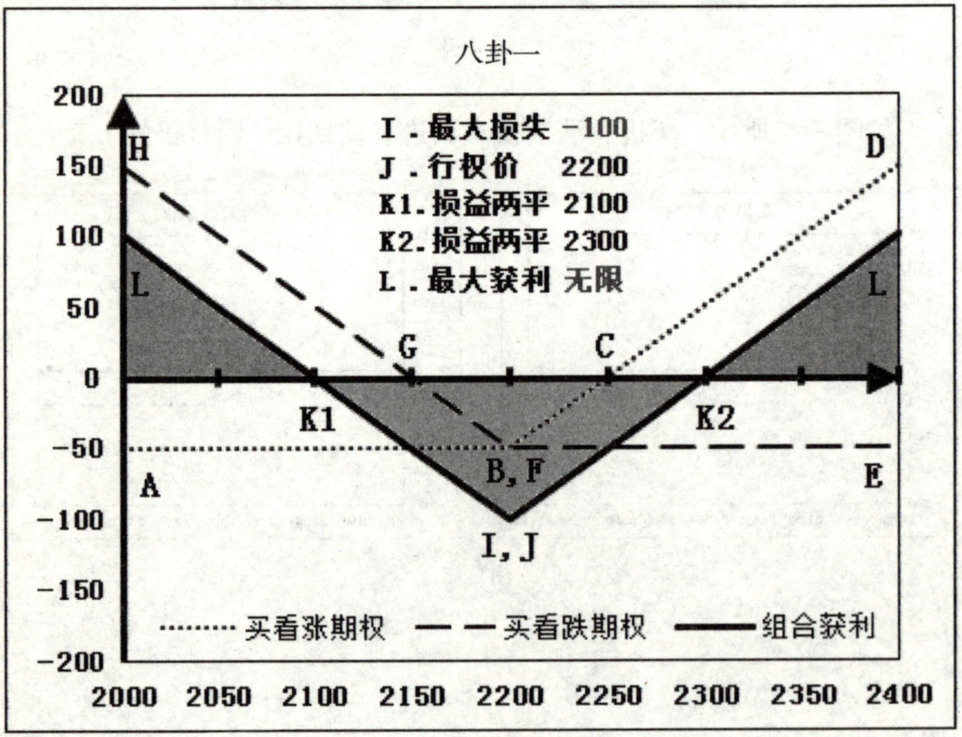

图 3–8

（2）八卦第二式：气沉单田（图 3–9）。

图 3–9

如图 3–10 所示，卖出看涨期权 + 卖出看跌期权（同行权价）：

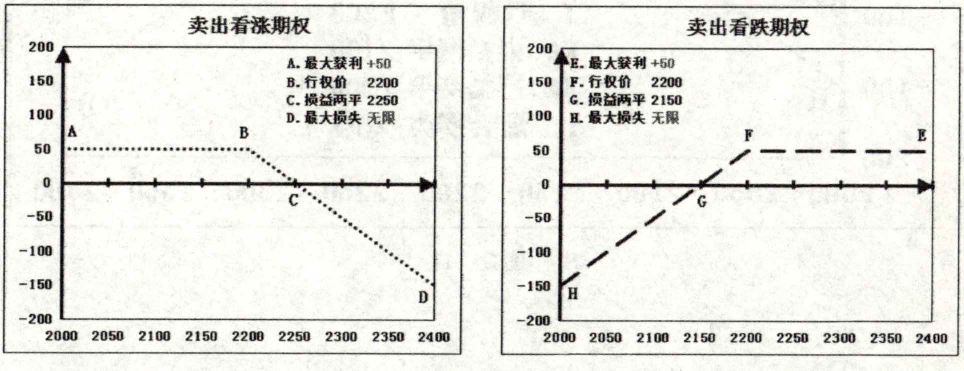

图 3–10

球评：广州恒大与山东鲁能泰山近期战术改变，都加强了防守，预期是小比分结果，此时既要买涨也要买跌。

运用时机（图 3–11）：当多空不明，消息面清淡，市场成交量缩小或走平时，行情无论涨或跌的动能都有限时，可采取两边收取权利金的策略。重点是之后行情波动一定要小，否则我们卖出去的彩票共收到 100 点（50 点卖看多，50 点卖看空）的权利金（彩票）将出现亏损。回到指数面，若是行情在 2200 点，之后的行情不能往上突破 2300 点或是跌破 2100 点。否则就会赔钱了。最大获利为 100 点（50+50）。

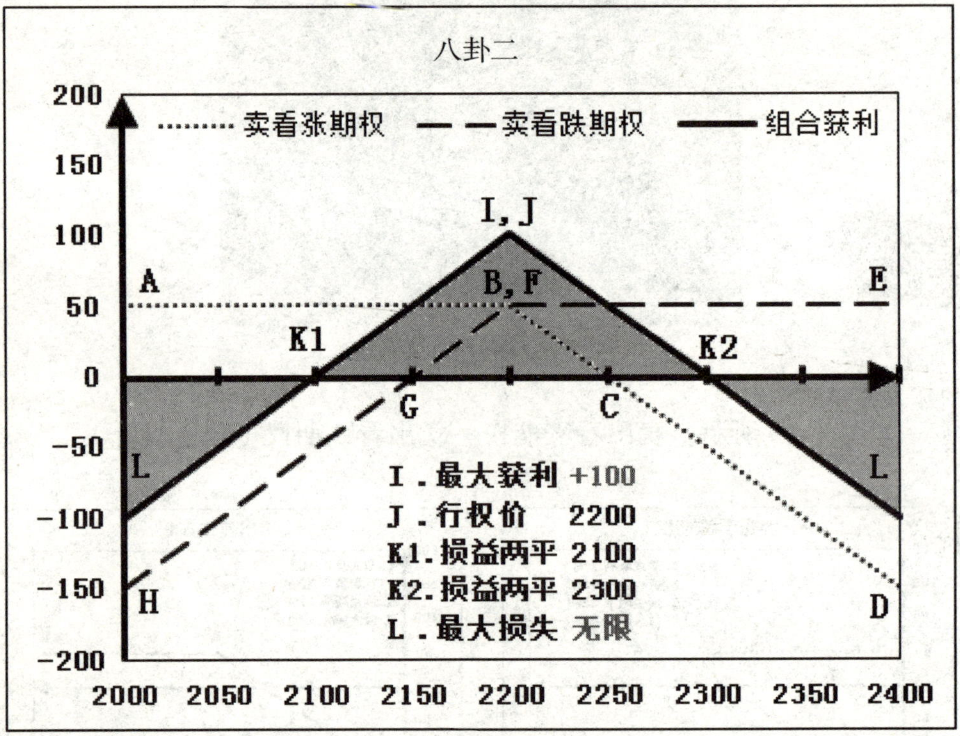

图 3–11

（3）八卦第三式：蛇形刁手（左手式）如图 3–12 所示。

图 3–12

如图 3–13 所示，买进看涨期权（低行权价）+ 卖出看涨期权（高行权价）＝看涨期权多头价差：

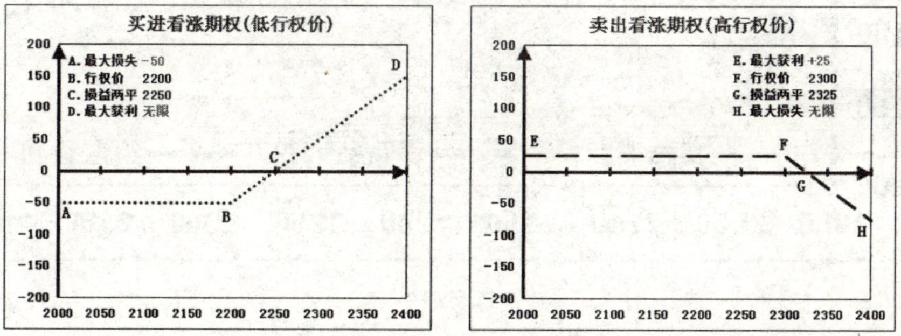

图 3–13

球评：广州恒大近期前锋受伤，最多只能小比分获胜。

运用时机（图 3–14）：当市场行情预期是小幅看涨，指数逢高将遭遇压力，例如指数目前在 2200 点，应该会往上，但 2300 点预估将不易突破。此时可以买进 2200 点的看涨期权，成本 50 点，并卖出 2300 点的看涨期权，收到 25 点，净付出是 25 点（50–25=25），也就是之后指数要涨到损益两平点 2225 点之上才会赚钱。最大损失为 25 点（50–

25），最大获利为 75 点（（2300–2200）–25）。

提示：本策略都是运用看涨期权所组合出来，买低行权价并卖出高行权价的偏多策略，因为是付出权利金，因此结算时，行情一定要涨到足以涵盖此成本后才会获利。

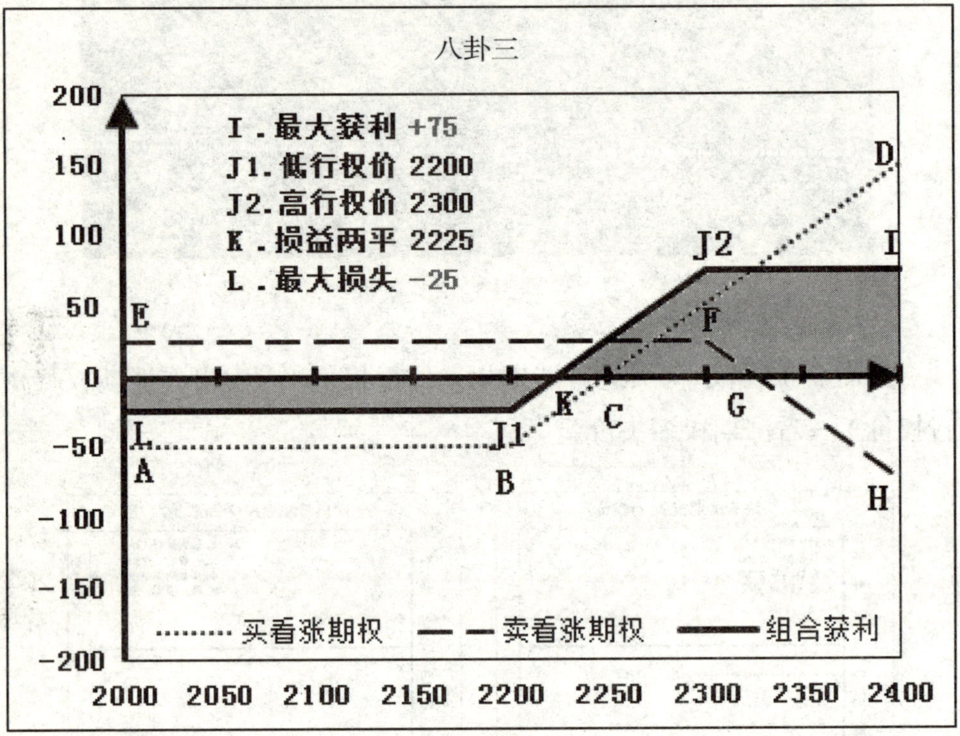

图 3–14

（4）八卦第四式：蛇形刁手（右手式）如图 3–15 所示。

图 3–15

如图 3–16 所示，买进看跌期权（高行权价）+ 卖出看跌期权（低行权价）＝看跌期权空头价差：

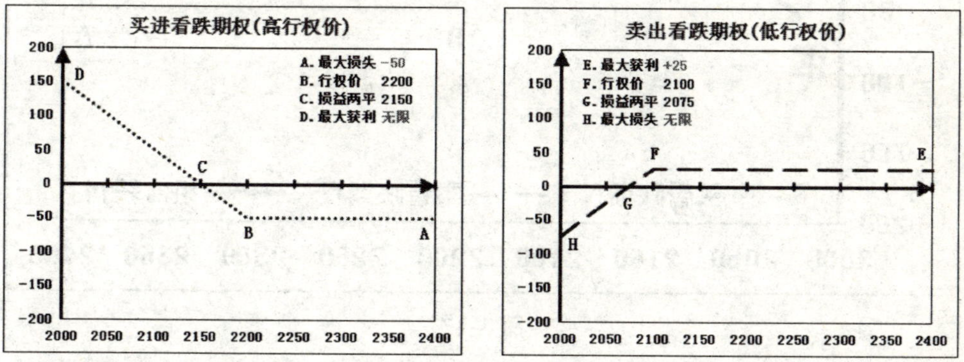

图 3–16

球评：山东鲁能泰山实力较强，但球星受伤，将小比分赢球。

运用时机（图 3–17）：当市场行情预期是小幅看跌，指数逢低将有支撑，例如指数目前在 2200 点，应该会往下，但 2100 点预估将不易跌破。此时可以买进 2200 点的看跌期权，成本 50 点，并卖出 2100 点的看跌期权，收到 25 点，净付出是 25 点（50–25=25），也就是之后指数要跌到损益两平点 2175 点之下才会赚钱。最大损失为 25 点（50–25），最大获利为 75 点（（2200–2100）–25）。

提示：本策略都是运用看跌期权所组合出来，买高行权价并卖出低行权价的偏空策略，因为是付出权利金，因此结算时，行情一定要跌到足以涵盖此成本后才会获利。

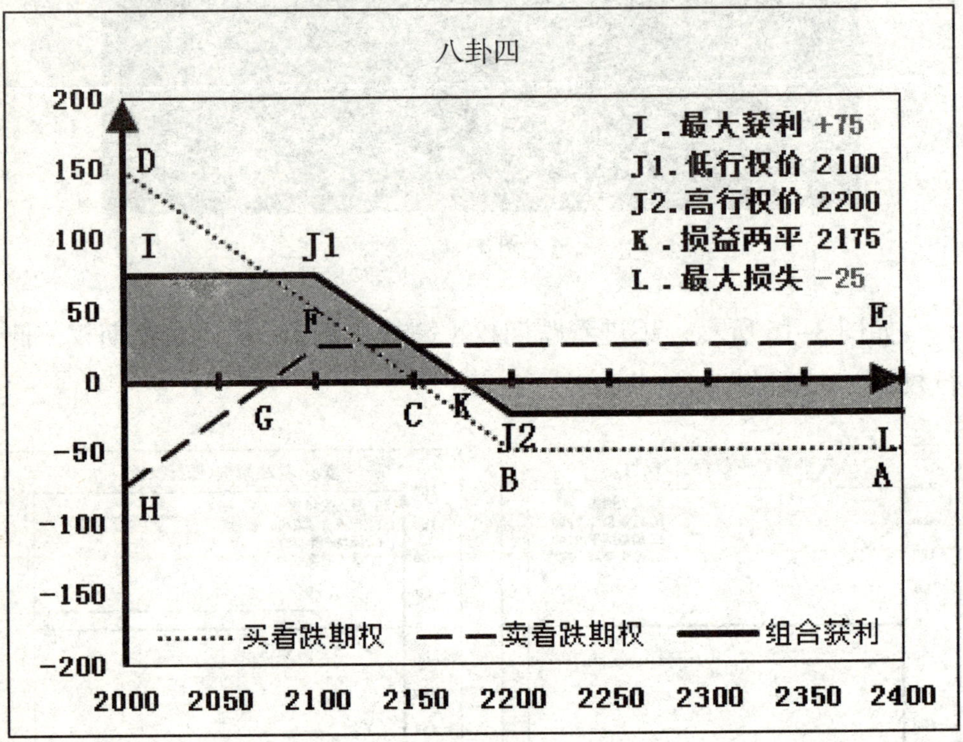

图 3–17

（5）八卦第五式：单边下势（右手式）如图 3–18 所示。

图 3–18

如图 3–19 所示，买进看涨期权 + 卖出看跌期权（同行权价）=（逆转策略）期货多头：

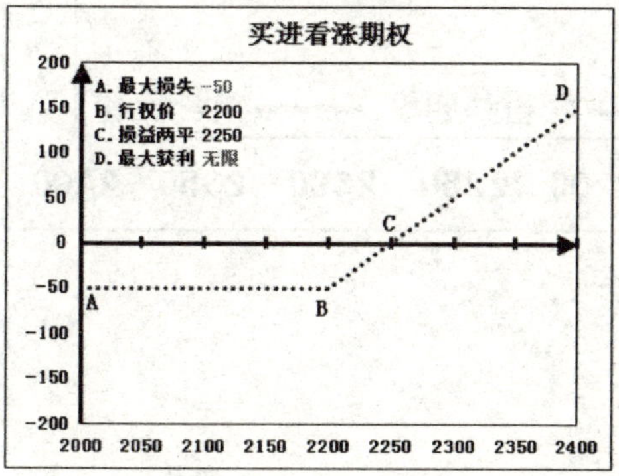

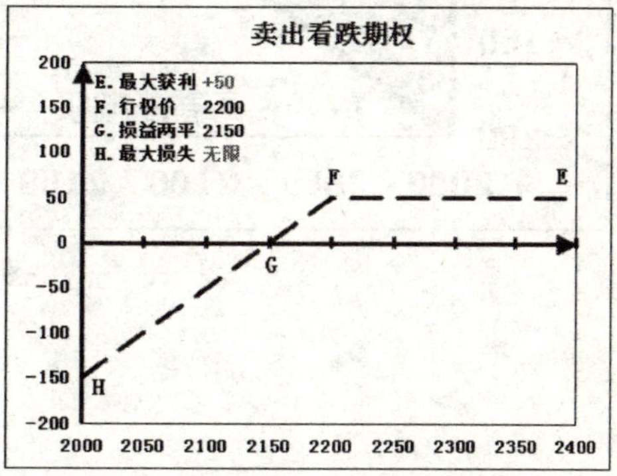

图 3–19

球评：广州恒大必胜，不只要做多方买入广州恒大，还要做空方卖出山东鲁能泰山。

运用时机（图 3–20）：当市场行情预期是大幅看涨，只不过此时手上没有足够的保证金来买进期货，因此可运用期权的保证金较低的特性来复制与期货多单一样的损益线。例如指数目前在 2200 点，应该会向上大涨，此时可以买进 2200 点的看涨期权，成本 50 点，并卖出 2200 点的看跌期权，收到 50 点，净付出是 0 点（50–50=0），指数上涨就会赚钱，反之下跌就会赔钱。

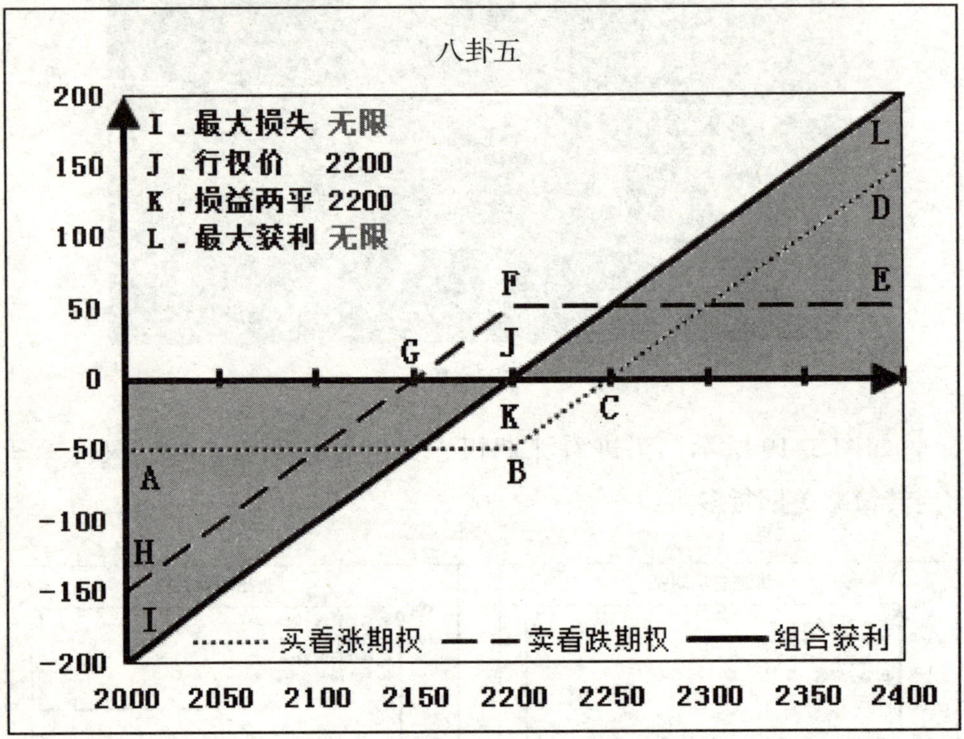

图 3–20

（6）八卦第六式：单边下势（左手式）如图 3–21 所示。

图 3–21

如图 3–22 所示，买进看跌期权 + 卖出看涨期权（同行权价）=（转换策略）期货空头：

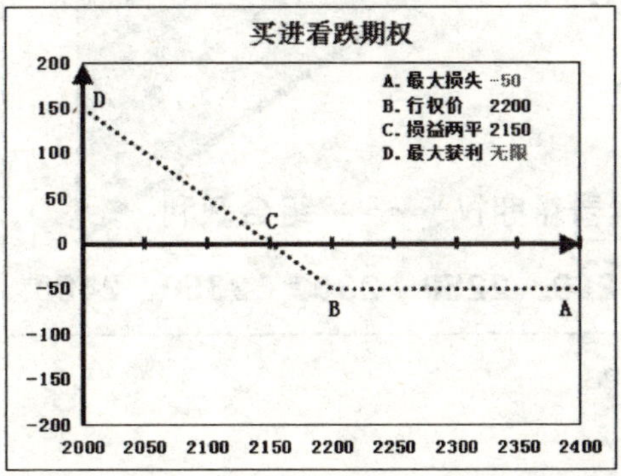

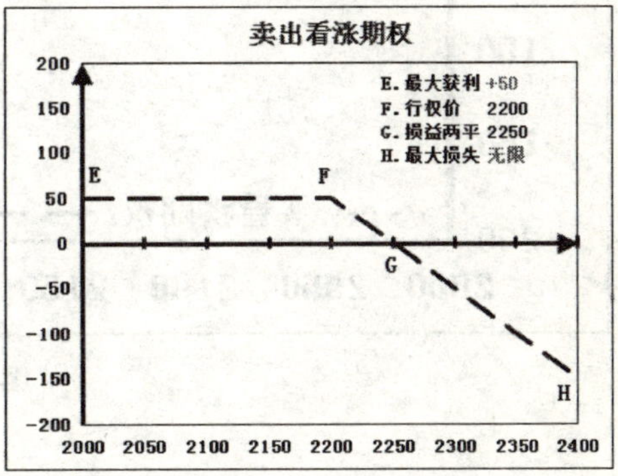

图 3–22

球评：山东鲁能泰山必胜，不只要做空方买入山东鲁能泰山，还要做多方卖出广州恒大。

运用时机（图 3–23）：当市场行情预期是大幅看跌，只不过此时手上没有足够的保证金来放空期货，因此可运用期权的保证金较低的特性来复制与期货空单一样的损益线。例如指数目前在 2200 点，应该会向下大跌，此时可以买进 2200 点的看跌期权，成本 50 点，并卖出 2200 点的看涨期权，收到 50 点，净付出是 0 点（50–50=0），指数下跌就会赚钱，反之上涨就会赔钱。

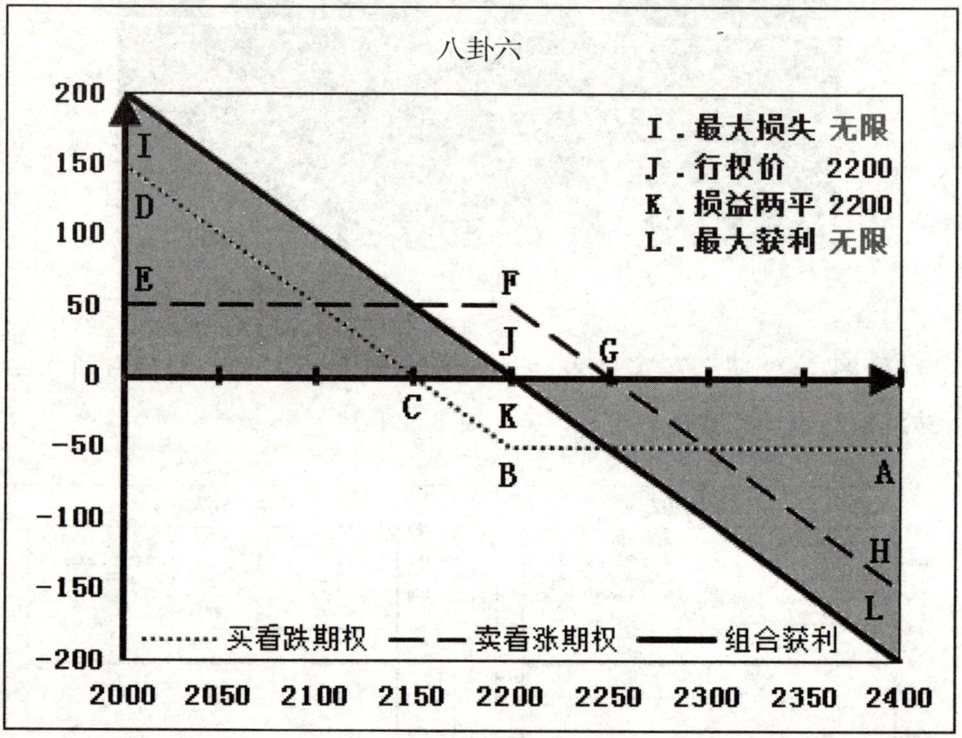

图 3–23

（7）八卦第七式：螳螂拳（右手式）如图 3–24 所示。

图 3–24

如图 3–25 所示，卖出看涨期权（低行权价）+ 买进看涨期权（高行权价）= 看涨期权空头价差：

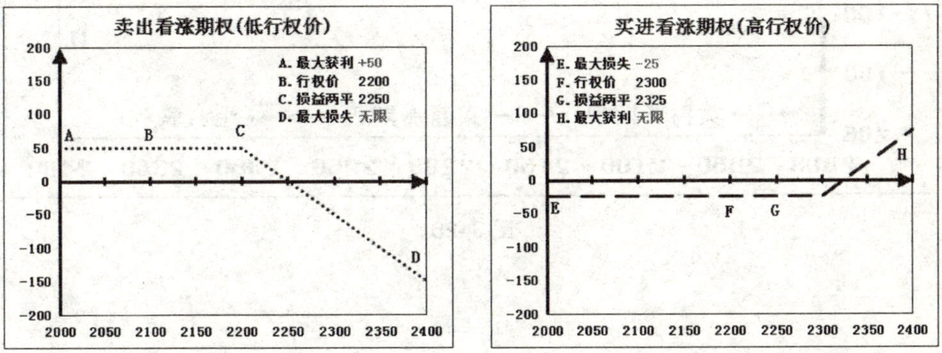

图 3–25

球评：广州恒大赢球机会低，可以做多方买入，但要避险以免翻盘。

运用时机（图 3–26）：当预期上涨机会不高，例如指数目前在 2200 点，此时可以卖出 2200 点的看涨期权，收到 50 点权利金，并买进

2300 点的看涨期权，付出 25 点权利金，净收是 25 点（50–25=25），也就是之后结算日不高于损益两平点 2225 点以上就会赚钱。最大获利是 25 点（50–25），最大损失是 75 点（（2300–2200）–25）。

提示：本策略都是运用看涨期权所组合出来，卖出低行权价并买高行权价的偏空策略，因为是收入权利金，在结算时，行情只要不涨或下跌都可获利，因此获利的机会较高。

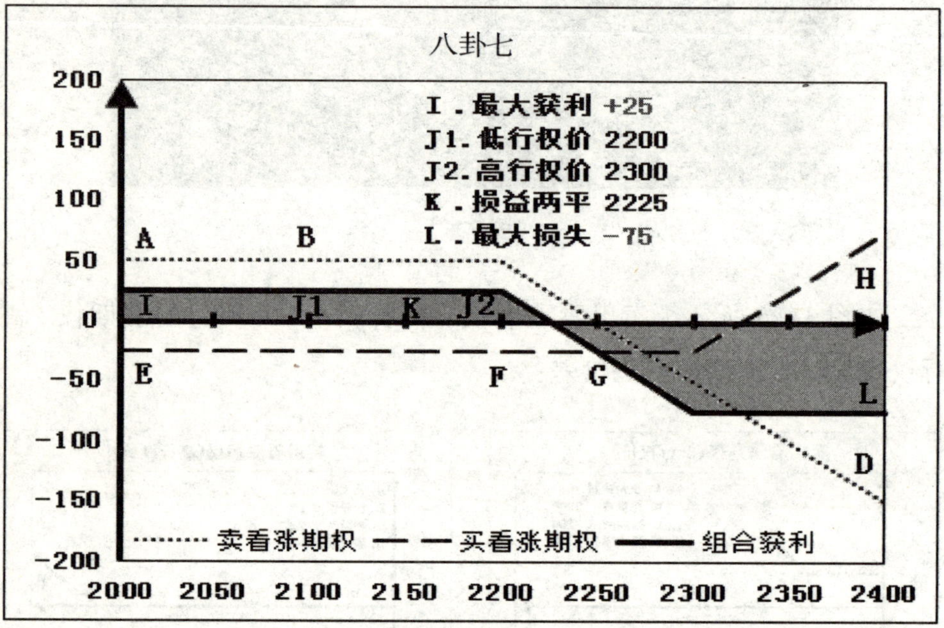

图 3–26

（8）八卦第八式：螳螂拳（左手式）如图 3–27 所示。

图 3–27

如图 3–28 所示，卖出看跌期权（高行权价）+ 买进看跌期权（低行权价）= 看跌期权多头价差：

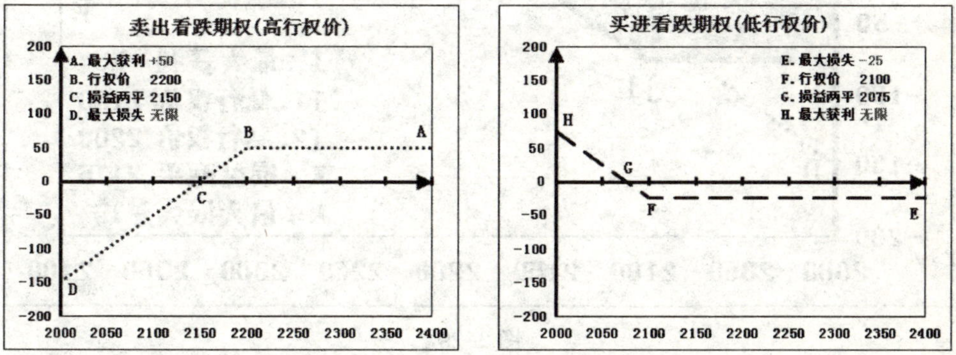

图 3–28

球评：山东鲁能泰山赢球机会低，就可以做空方卖出，但要避险以免翻盘。

运用时机（图 3–29）：当预期下跌机会不高，例如指数目前在 2200 点，此时可以卖出 2200 点的看跌期权，收到 50 点，并买进 2100 点的看跌期权，付出 25 点，净收是 25 点（50–25=25），也就是之后指数只要下跌不超过损益两平点 2175 点以下就会赚钱。最大获利是 25 点（50–25），最大损失是 75 点（（2200–2100）–25）。

提示：本策略都是运用看跌期权所组合出来，买低行权价并卖出高行权价的偏多策略，因为是收入权利金，在结算时，行情只要不跌或上涨都可获利，因此获利的机会较高。

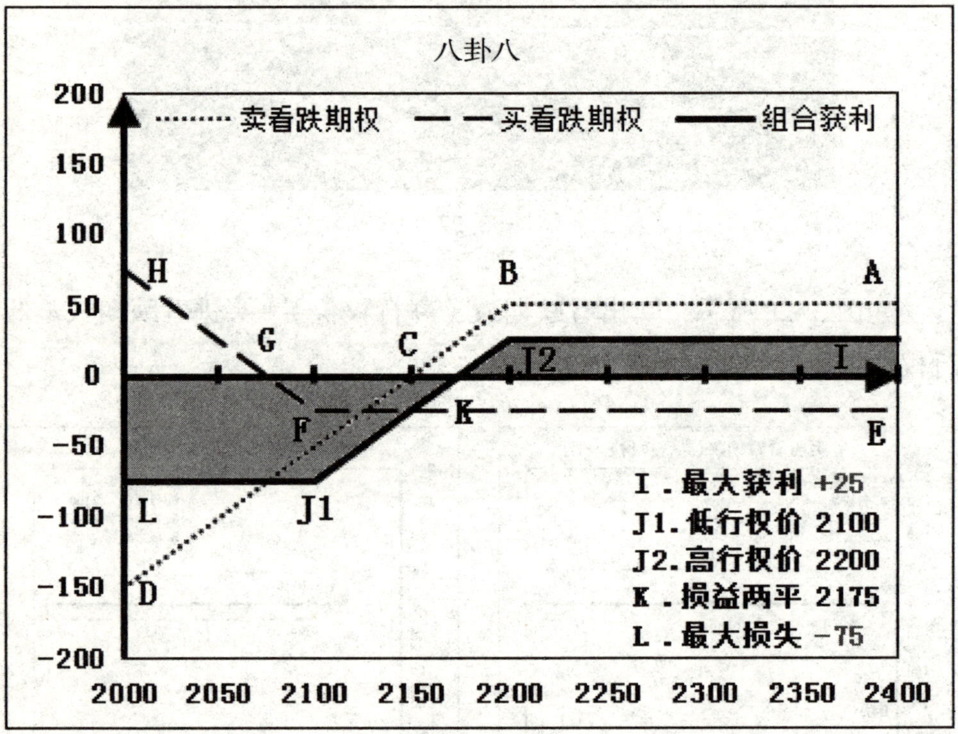

图 3–29

4. 记诵秘诀

无论是看涨期权或是看跌期权，只要是买低卖高（指行权价），组合出来就是多头价差。只要是买高卖低，组合出来就是空头价差。

5. 引申思考：当买方好还是卖方好？

由以上的太极八法图解中，我想聪明的你一定看出来，蛇形刁手与螳螂拳的招式极为类似，但差别就在蛇形刁手无论是看涨期权多头价差或是看跌期权空头价差都是先付出权利金，也就是行情一定要往设想的方向前进，行情不外乎就是涨、跌、盘整，因此就机率学来说，获利的机会是 1/3。而螳螂拳不论是看涨期权空头价差或是看跌期权多头价差都是先收取权利金，也就是行情只要不往坏的方向发展就可获利，因此获利的机会是 2/3。所以只要是这种价差交易，风险与损失都有限，在资金充裕的情况下，选择先行收取权利金的卖方策略将是最佳的策略。

第三节 软件画面解说

如图 3–30 所示，A 区的画面是各种策略图形，目前的软件设计以图像引导式为主流，也就是我们对行情的看法与图像上哪种策略吻合，即采取图像连结的方式连结到下单动作。图像中并未以期权专业名词来标示，而是以大涨、大跌、不涨、不跌、突破、盘整、盘涨、盘跌等口语化的说法来代替，使初级进场交易的投资者不会受专业名词所困。当选定后，可在中间报价画面上选择想要的行权价，而到期损益将在 C 区显示，最大亏损点与最大获利点、盈亏两平点都会在图形上标示。B 区则是通过机率分布图，由此可知盈亏的机率各为多少。

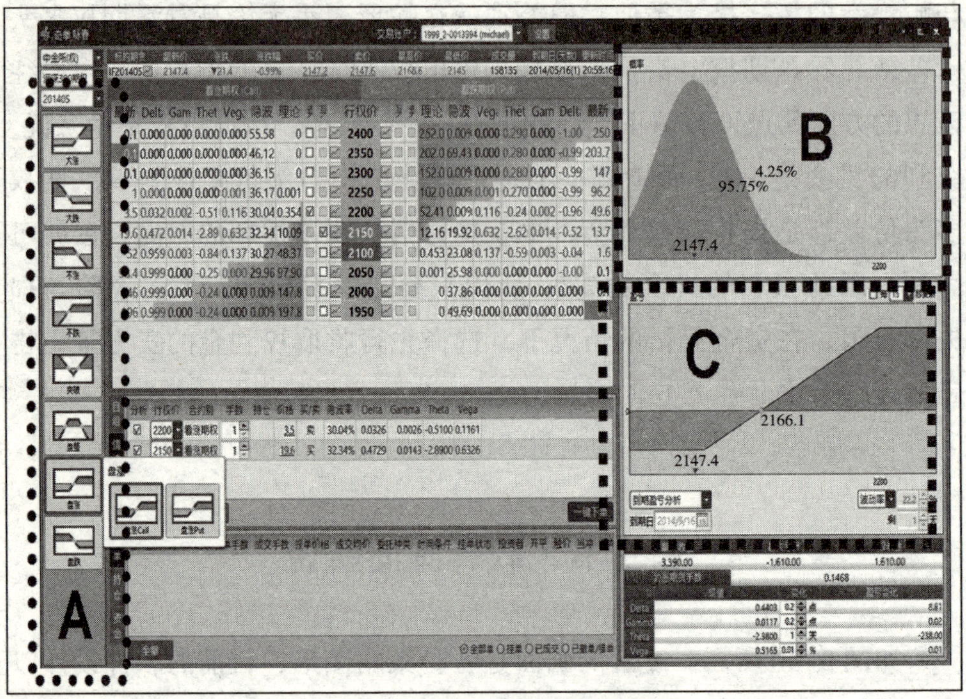
A
B
4.25%
95.75%
2147.4
C
2166.1
2147.4

图 3–30

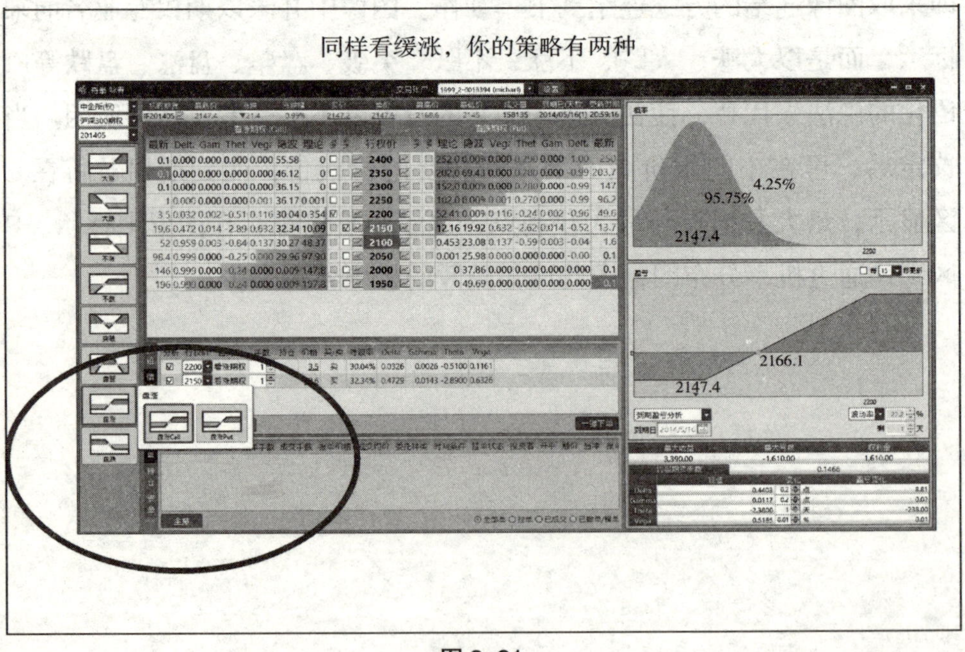
同样看缓涨，你的策略有两种
4.25%
95.75%
2147.4
2166.1
2147.4

图 3–31

如图 3–31 所示，当在同样的行情看法下，要当买方或是卖方比较一下谁会有利？

例如都是盘涨，在软件上给我们两个选项，可以来比较一下。

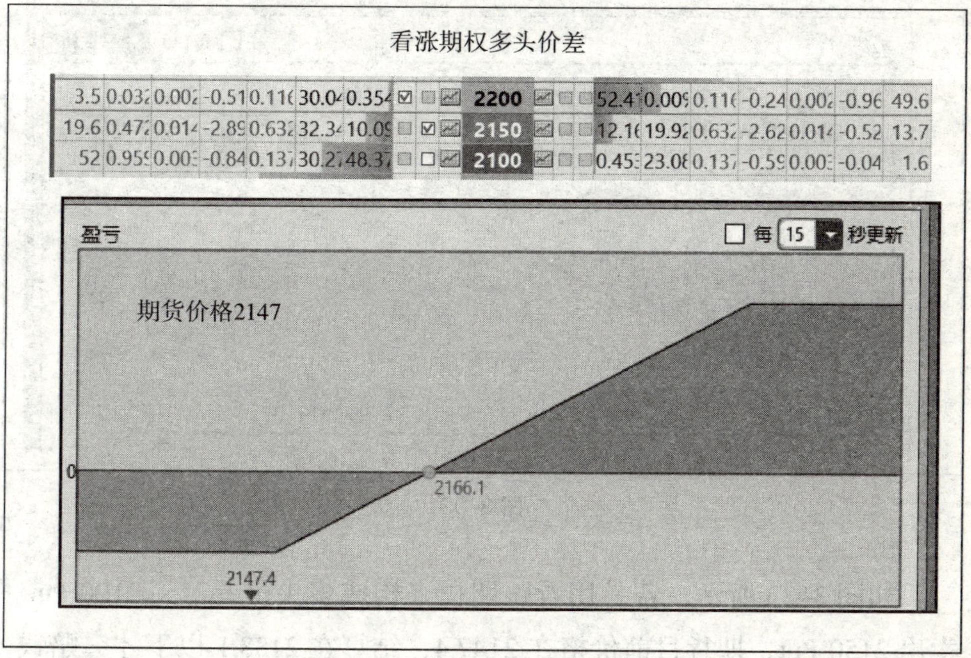

图 3–32

如图 3–32 所示，若是用看涨期权来构成多头价差，买 2150 Call+卖出 2200 Call，期货目前价格在 2147.4，结算要在 2166.1 以上才会赚钱，也就是要涨上去才可以获利。

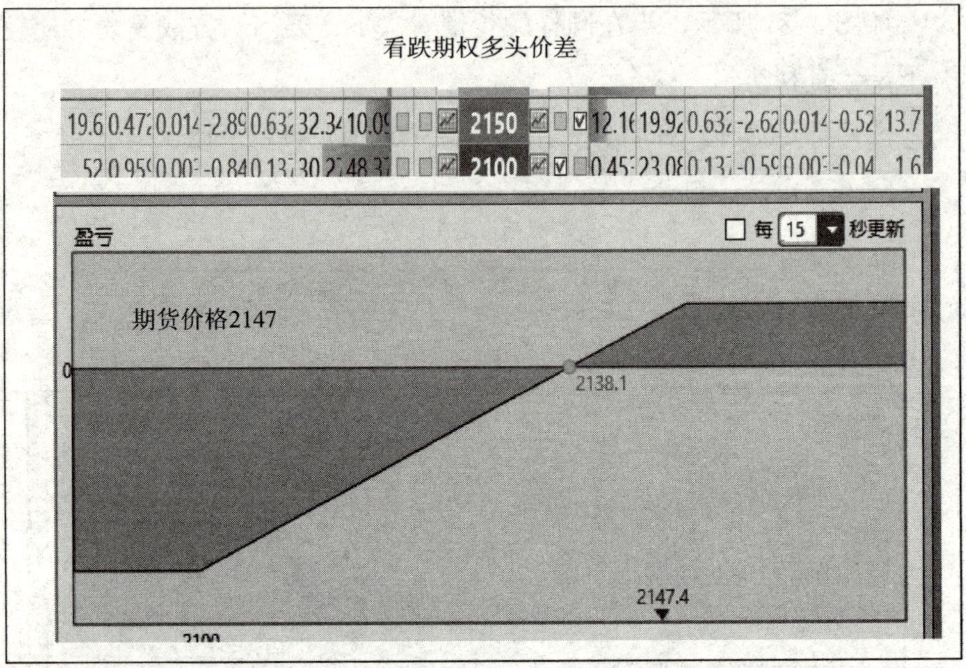

图 3–33

如图 3–33 所示，若是用看跌期权来构成多头价差，买 2100 Put + 卖出 2150 Put，期货目前价格在 2147.4，结算在 2138.1 以下才会赔钱，也就是行情只要不跌就能获利。

第四章 期权敏感性参数与策略总览：进阶的基石

本章将介绍期权的敏感性参数，何为敏感性呢？也就是某个数值如果变化，另一个数值将因此变化的程度（敏感）。了解这些参数有助于我们在当下的行情状况下采取正确的交易策略。另一部分将是期权策略总表，此部分是期权的策略汇整，是以期权学术上正式的专有名词来表示，初学者或可先行简略浏览，尔后有需要再回头查找即可。使用时机与例子都已列举，这部分才是我们交易者所需要的，而完全熟记这些专业名词并非是必要的。

第一节 期权敏感性参数

Δ	Θ	Γ	ν	ρ
Delta	Theta	Gamma	Vega	Rho

期权价格如何变动以及变动的原因，对期权交易能否获利非常重要。有 6 个变量决定期权价格：标的物的价格、行权价、离到期日的期间、波动性、利率、股票股利。而以上这些变量都与以下数个期权的敏感性参数有关。

期权交易者使用以下希腊字母（The Greeks 参数）来决定进场与出

场点，拟定获利策略。

同时希腊字母（The Greeks 参数）亦可反映交易者对风险的概念。当许多的期权部位组合后，最终的部位恐怕过于复杂，交易者需要通过这些参数来了解整体部位的风险程度。当市场行情或敏感性参数变动时，交易者才得以拟定适当的策略来应对。这就有如开车时，你必需先知道仪表盘的油量、引擎温度、转速等各种数据的状况才得以安全上路一般。

1. Δ（Delta）

期权价值与标的物的股价或期货价格之间不尽然是线性关系，Delta 就是用来说明两者之间关系的。Delta 数值介于 –1 与 1 之间，代表标的物股价或期货价格每变动 1 个单位，期权价值因而变动的幅度与方向。

平值的看涨期权 Delta 为 0.5，也就是沪深 300 若涨 100 点，那这平值的看涨期权将上涨 50 点。因此 Delta 值越高，期权与标的物价格的变动越一致。对于买进看涨期权的人来说，Delta 值为正值，也就是行情往上涨，我们将获利，但对卖出看涨期权的人来说，Delta 值则为负值，也就是行情往上涨就会赔钱。

交易者的 Delta 定义是：期权到期时成为实值的机率。若希望期权价格的变动贴近标的物，那么交易者即应期购买 Delta 值较高的 Call 或 Put，当行情正确时，获利较高，但看错行情时，损失也会较大。

一般来说，资金规模较小者往往对低 Delta 值的期权比较有兴趣，因为权利金比较便宜。然而便宜的理由是：这些期权在到期日成为实值的机率非常低，但若行情真如我们所判断，且有一定的幅度，往往会有倍数以上的获利。

由于便宜的期权通常为虚值期权，而低 Delta 表示期权变动的速度永远赶不上标的物股价变动的速度。因此，虽然投入的资本风险较低，但成功的机会也相对很低。

Delta 值高的期权通常权利金也比较贵、深入实值，并接近到期日。

100% Delta 值只出现在到期日实值的期权，其变动与标的物价格同步。

另外，对于大资金的机构者，或场内自营商（Floor Trader）为规避持有部位风险，利用 Delta 计算应该购买的标的物数量。假设持有 1000 股苹果的股票，并且以卖出 Call 避险，Delta 值为 0.5 的情况下，若想 100%避险，需要以 2∶1 的比例操作期权。应注意每一手股期权控制 100 股，但在中金所，每一期权控制 1/3 手期货合约，因此手数需依各品种做此比例调整。

结论：Delta 的定义是标的物每变动 1 个单位，期权价值变动的幅度，如图 4–1 所示。

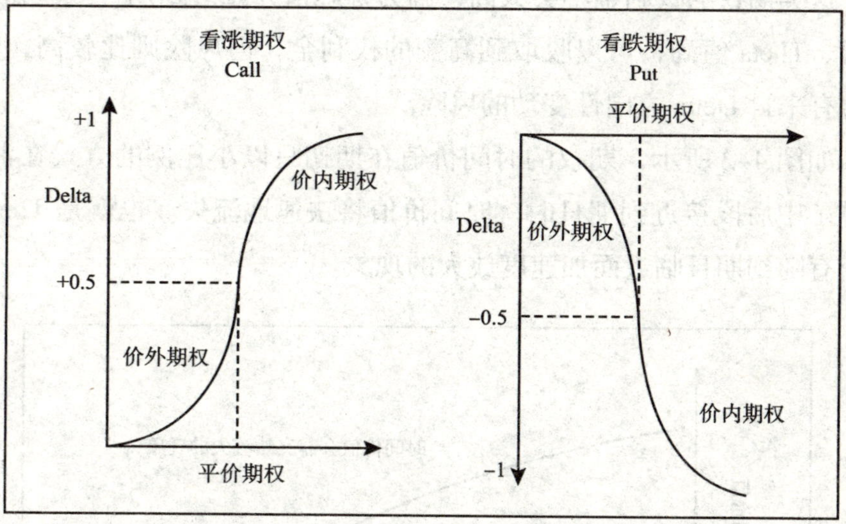

图 4–1

2. θ（Theta）

代表行情如果不动，每经过一天期权将流失的时间价值。对于期权的买方来说，无论是看涨期权还是看跌期权，所面对的都是负 Theta，而对于卖方来说，Theta 则为正。

期权价值随着时间越临近到期日，时间值损耗得越快，到期日的平值期权，Theta 值趋向 0。Theta 值越低，代表期权价格消失速度越慢，并且离到期日越远。

对期权买方来说，时间是获利的敌人；无论操作方向对与否，期权的价值随时间而慢慢地消逝。举例来说，沪深300目前为2200，你购买1个月到期的看涨期权，行权价格2300，支付权利金为50点。你的利润来自该指数上涨至2350以上。反过来说，期权卖方则等待时间慢慢地消逝以赚取权利金。

期权的卖方策略风险很高，其风险相当于持有股票或期货部位，因此在交易上的建议是，持有的时间不宜过长。而机构的交易者通常利用卖出虚值期权，以在短期间内控制其爆险部位，有点儿收取利息的概念。这类期权的权利金不会太高，因为是虚值并靠近到期日。但如果是实值、Theta值高，可以收取到高额的权利金，但风险则比较高，因为这时有来自Delta方向性变动的风险。

如图4–2所示，期权的时间价值在期初只以小比例的方式在消耗，但过了中后段接近到期日时，时间价值将快速地流失。也就是Theta的数值有随到期日临近而加速度放大的现象。

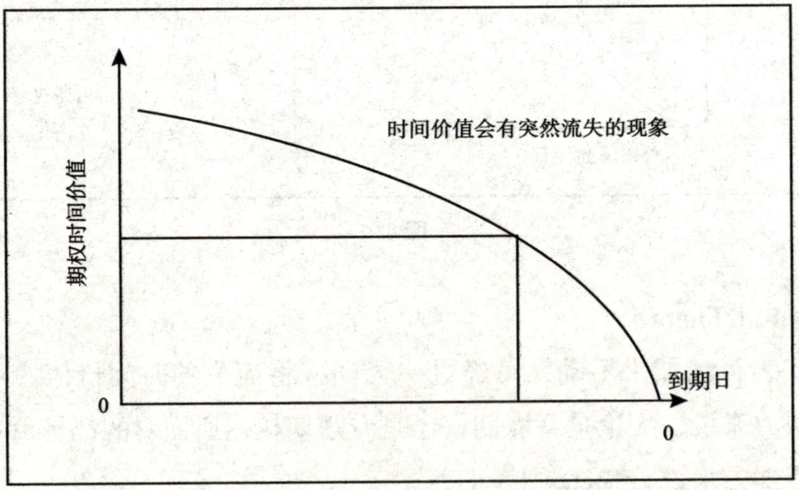

图4–2

结论：Theta 的定义是每接近结算日一天，期权价值流失的点数。

3. Γ（Gamma）

Gamma 显示标的物价格变动时，Delta 跟着变动的速度。Gamma 值越大表示当期货价格变动时，Delta 反应速度越快，也就是损益变化幅度增大。而 Gamma 较小则表示该期权 Delta 反应速度较慢，也就是损益变化幅度相对较小。Gamma 值对小额交易者的意义不大，因为小幅的价格变动对其投资组合价值的影响不大；但是对于管理大规模期权的经理人而言非常重要，每一跳动单位对于他们来说都将产生大幅的盈亏变化。

Gamma 越大，Delta 反应速度越快，若你是在熊市中做交易，当行情下跌时，你将以较快的速度做空市场，也就是你的偏空部位获利将加速度放大；若你是在牛市中做交易，当行情上涨时，你将以较快速度做多市场，偏多部位之获利将加速度放大。如图 4–3 所示。

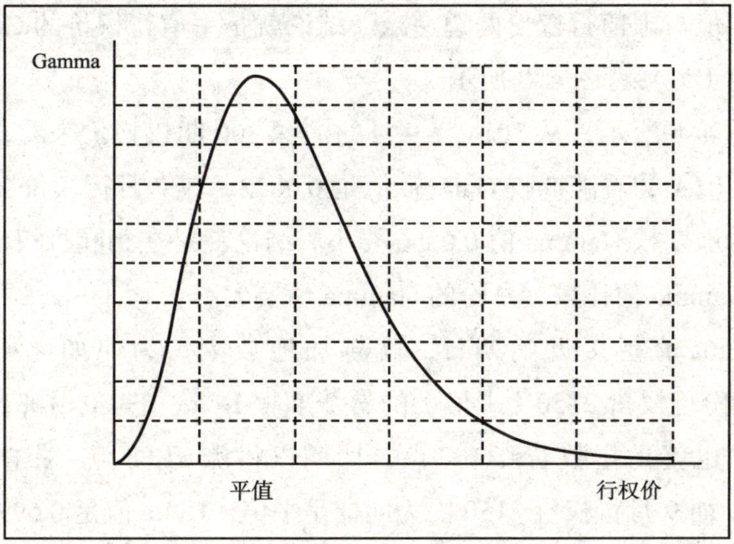

图 4–3

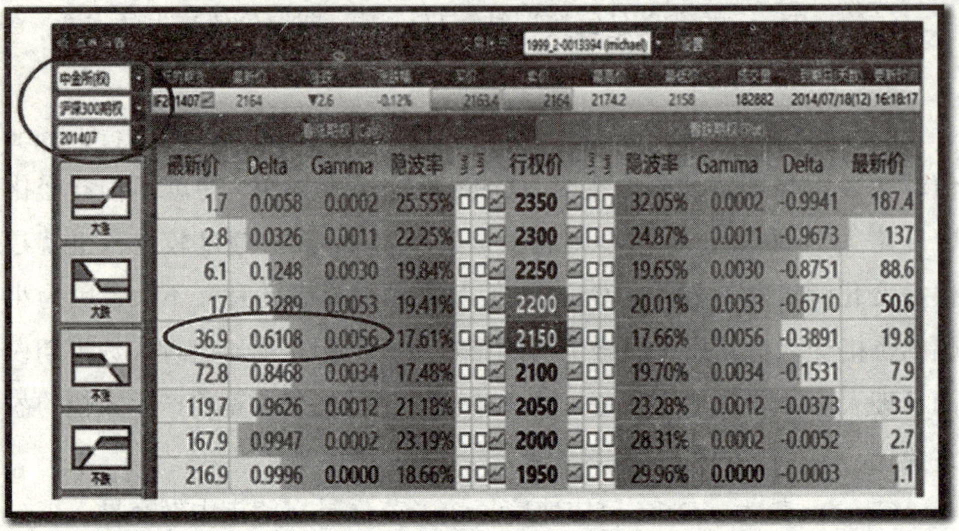

最新价	Delta	Gamma	隐波率	行权价	隐波率	Gamma	Delta	最新价
1.7	0.0058	0.0002	25.55%	2350	32.05%	0.0002	-0.9941	187.4
2.8	0.0326	0.0011	22.25%	2300	24.87%	0.0011	-0.9673	137
6.1	0.1248	0.0030	19.84%	2250	19.65%	0.0030	-0.8751	88.6
17	0.3289	0.0053	19.41%	2200	20.01%	0.0053	-0.6710	50.6
36.9	0.6108	0.0056	17.61%	2150	17.66%	0.0056	-0.3891	19.8
72.8	0.8468	0.0034	17.48%	2100	19.70%	0.0034	-0.1531	7.9
119.7	0.9626	0.0012	21.18%	2050	23.28%	0.0012	-0.0373	3.9
167.9	0.9947	0.0002	23.19%	2000	28.31%	0.0002	-0.0052	2.7
216.9	0.9996	0.0000	18.66%	1950	29.96%	0.0000	-0.0003	1.1

图 4–4

如图 4–4 所示，从 2014 年 7 月的沪深 300 期权报价来看，行权价 2150（平值）的看涨期权 Gamma 值是 0.0056，是所有行权价中最大的，然后向实值与虚值行权价两边递减。结论就是平值行权价的 Gamma 值是最大的（另参考图 4–3 所示）。

如图 4–5 所示，从 2014 年 9 月的沪深 300 期权报价来看，行权价 2150（平值）的看涨期权 Gamma 值是 0.0022，较 7 月行权价 2150（平值）的看涨期权 Gamma 值 0.0056 要小。结论就是在相同行权价下，近月份的 Gamma 值比较远月份的 Gamma 值要大。

Gamma 值越接近到期日，就越加地放大。为何如此？举例来说，7 月份行权价 2150（平值）的看涨期权 Delta 值是 0.6108，最新价是 36.9，也就是指数若涨 100 点，那期权将涨 61.08 点，报酬率达到 165.5%。而 9 月行权价 2150 因为同样是平值，Delta 值是 0.5994，与 7 月合约接近，也就是指数涨 100 点，最新价 62.8 将涨 59.94 点，报酬率只有 95.4%。

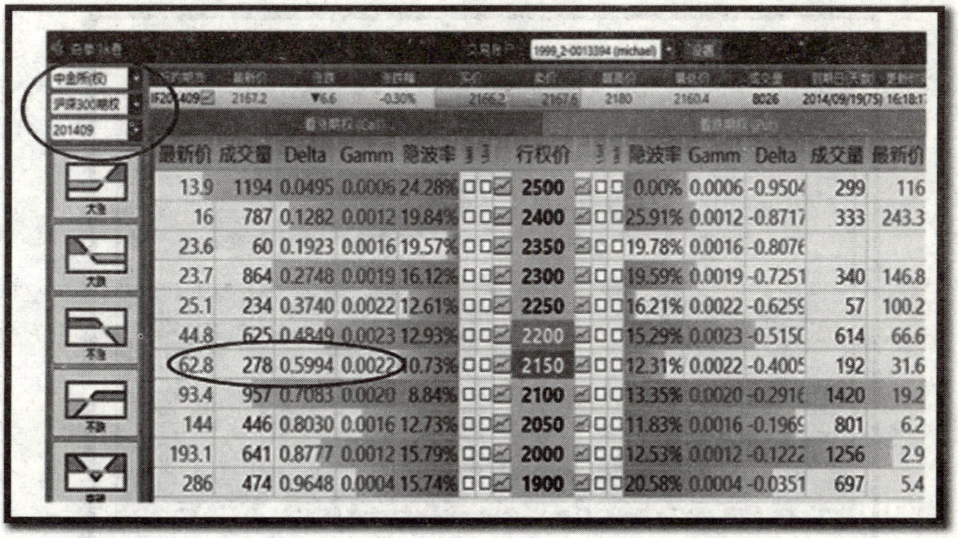

图 4–5

因此，就操作意义上来说，当我们看好短期内将有大行情时，我们应该买入近月的期权，而非是远月的期权，因为近月期权的报酬率较高。而在行权价的选择上，应当以平值或是虚值一档的合约为标的，因为它们的 Gamma 值最大，一旦行情如预测发展，获利增长的速度也是最快的。

图 4–6

3月8200Put: 由1.6到205（128倍）

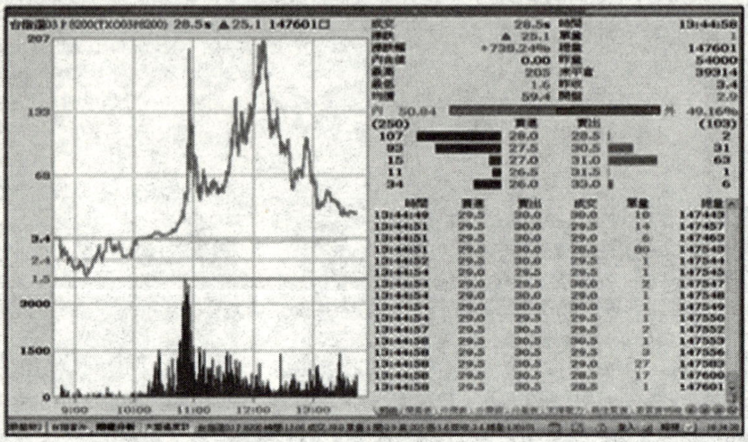

图 4–7

如图 4–6、图 4–7 所示，2011 年 3 月日本福岛核灾时，台湾担心遭受核能污染，指数当日下挫 5.9%，但是因为期权即将到期结算，此时 Gamma 值最大，在此情况下，行权价 8200 的看跌期权最低点为 1.6，盘中最高点一度来到 205 点，涨幅达到 128 倍，这就是我所说的 Gamma 威力，买进期权的人单日可大赚百倍（同理可证，当日卖出看跌期权的人，与他原本想赚的 1.6 点来说，亏损的幅度超过百倍）。

而 Gamma 与 Theta 是相对的，快到期时，Gamma 加速度上扬，但时间价值也快速减少，所以对操作者而言，当短线趋势发动，动能增加时再行进场，否则行情盘整时即过早猜测行情要发动，进场的资金将被时间价值所侵蚀殆尽，也就是归零。

4. γ（Vega）

γ 并非希腊文，在期权计价模型中，以输入波动变量来计算价格变动比率。市场波动分为历史波动率（History Volatility，HV）与隐含波动率（Implied Volatility）两种类型；历史波动率以数学计算过去价格的波动，基本上是标准差，抽样技术表明，增加估计期样本数量，可以减少预测的标准误差，但并不能一味地增加样本数量，因为预测明天的波动率，使用最近几天的数值反而比过去五年的数值更有效。

分析历史波动率时有三种选择：①采用更长期间的波动率，利用过去一年的交易日；②采用更短的样本期，如 30 天或 90 天交易日；③采用过去期间等于要预测的将来时长。如果所有 3 个样本期和合成波动率（正常日和经济日的波动率合成）几乎是一致的，则可以认定在整个时期的波动率是相对稳定的，隐含波动性率如何算出并不困难。

由于期权定价模型（如 BS 模型）给出了期权价格与 5 个基本参数（标的股价、行权价格、利率、到期时间、波动率）之间的定量关系，只要将其中前 4 个基本参数及期权的实际市场价格作为已知量代入定价公式，就可以从中解出唯一的未知量，其大小就是隐含波动率。

也就是先射箭再画靶心，先跟你讲答案（期权价格），并假设其他 4 个基本参数不变，再问你其中隐含波动率的大小。例如 6=2×（3），那现在如果是 12=2×（　）呢？那括号内的值就是 6 了。隐含波动率就是用类似的概念计算出来的。隐含波动率在计价模型中被用来衡量期权的供给与需求。当期权的需求大于供给，价格将会上涨，在其他参数不变的情况下，回推之后的隐含波动率自然是上升的。

而 Vega 值就是当隐含波动率变化 1% 时，期权价格将因此增加或减少的点数。

小额独立交易者通常忽略 Vega，因为波动所反映的是事后市场的变动情况，大部分时间对交易者的帮助并不大。然而，在某些特别的情况下，如预期重大利好消息让期权出现超买现象，但事后并未发生利多，期货价格变化不大，期权价格即会下跌，这是因为隐含性波动下降所致。

在预期重大利好消息公布前，Vega 逐渐攀升、到达高峰，然后在事件发生后下跌，市场分析者认为，Vega 是衡量恐惧因素在期权市场所付出代价的多少，也被用来决定交易的进场与出场点。

5. ρ（Rho）

Rho 用来计算利率变动下的期权公平价格的影响。但由于利率的变动可预测及幅度小，Rho 经常被交易者运用在商场投资与较长期期权（如 long-term equity anticipation securities，Leaps）的避险。

如图 4–8 所示，标的期货最新价格：IF201406 最新价 2154.8。

标的期货	最新价	涨跌	涨跌幅	买价	卖价	最高价	最低价	成交量	到期日(天数)	更新时间
IF201406	2154.8	▼0.2	-0.01%	2154.6	2154.8	2157.4	2144.2	508735	2014/06/20(10)	14:25:58

看涨期权 (Call)														看跌期权 (Put)						
最新价	隐波率	Delta	Gamm	Theta	Vega	Rho	卖	买		行权价		买	卖	Rho	Vega	Theta	Gamm	Delta	隐波率	最新价
0.1	46.71%	0.0000	0.0000	0.0000	0.0000	0.0000	☐	☐	☑	2700	☑	☐	☐	-0.7388	0.0000	0.3300	0.0000	-0.9999	70.11%	544.9
0.1	39.59%	0.0000	0.0000	0.0000	0.0000	0.0000	☐	☐	☑	2600	☑	☐	☐	-0.7114	0.0000	0.3200	0.0000	-0.9999	30.71%	442.2
0.2	34.40%	0.0000	0.0000	0.0000	0.0000	0.0000	☐	☐	☑	2500	☑	☐	☐	-0.6840	0.0000	0.3000	0.0000	-0.9999	31.37%	342.4
0.5	28.92%	0.0001	0.0000	0.0000	0.0017	0.0000	☐	☐	☑	2400	☑	☐	☐	-0.6566	0.0017	0.2900	0.0000	-0.9998	41.22%	246
0.5	24.02%	0.0016	0.0001	-0.0100	0.0188	0.0009	☐	☐	☑	2350	☑	☐	☐	-0.6420	0.0188	0.2700	0.0001	-0.9983	35.92%	197
2.3	24.76%	0.0139	0.0006	-0.1100	0.1272	0.0081	☐	☐	☑	2300	☑	☐	☐	-0.6211	0.1272	0.1600	0.0006	-0.9860	30.61%	148.1
6.3	23.76%	0.0751	0.0023	-0.4600	0.5054	0.0437	☐	☐	☑	2250	☑	☐	☐	-0.5719	0.5054	-0.1800	0.0023	-0.9248	27.17%	101.6
15.7	22.71%	0.2537	0.0051	-1.0600	1.1421	0.1472	☐	☐	☑	2200	☑	☐	☐	-0.4547	1.1421	-0.7900	0.0051	-0.7462	25.19%	61.2
37.8	23.89%	0.5520	0.0063	-1.3700	1.4106	0.3180	☐	☐	☑	2150	☑	☐	☐	-0.2702	1.4106	-1.1100	0.0063	-0.4479	24.70%	31.4
68.2	22.61%	0.8272	0.0041	-1.0000	0.9119	0.4710	☐	☐	☑	2100	☑	☐	☐	-0.1036	0.9119	-0.7500	0.0041	-0.1727	24.81%	13.5
107.6	14.30%	0.9620	0.0013	-0.4900	0.2943	0.5382	☐	☐	☑	2050	☑	☐	☐	-0.0226	0.2943	-0.2400	0.0013	-0.0379	25.24%	4.7
154.7	0.00%	0.9956	0.0002	-0.2800	0.0450	0.5447	☐	☐	☑	2000	☑	☐	☐	-0.0025	0.0450	-0.0300	0.0002	-0.0043	27.81%	2
203.1	0.00%	0.9997	0.0000	-0.2400	0.0030	0.5334	☐	☐	☑	1950	☑	☐	☐	-0.0001	0.0030	0.0000	0.0000	-0.0002	30.07%	0.8
252.7	0.00%	0.9999	0.0000	-0.2300	0.0000	0.5199	☐	☐	☑	1900	☑	☐	☐	0.0000	0.0000	0.0000	0.0000	0.0000	30.60%	0.2

图 4–8

我们举 2200 的 Call 来说明：

（1）Δ（Delta）：Δ=0.253，代表期货每涨一点，该 2200 行权价会上涨 0.253 点。

（2）θ（Theta）：θ=–1.06，假设行情在这个位置不动，则 2200 的 Call 每天会流失掉 1.06 点。

（3）Γ（Gamma）：Γ=0.0051，Γ 大小的比较为：2150Call＞2200Call＞2100Call＞2250Call。其代表的含义为标的物价格的波动对 2150Call 影响最大。

假设我们以 2150 的看涨期权为例：

当 2150 的 Gamma=0.0063，倘若标的指数上涨 50 点，2150 Call 成为实值 50 点，则 Delta 变化为 0.552+0.0063 × 50=0.867。对照上涨前，实值 50 点的 2100 Call 的 Delta=0.8272，比较上涨后与上涨前的实值 50 点 Call，其 Delta 其实是很相近的，计算的基础就是透过 Gamma 来求出。

（4）V（Vega）：

预期权利金 = 当前权利金 + 隐波率变化 × Vega。

例如，假设以 2150 的 Call 为标的计算预期权利金 =37.8+（新隐波率 –23.89）× 1.4106。

也就是假设隐含波动率由 23.89% 上扬到 33.89%，则期权价格将增长为 37.8+（33.89 – 23.89）× 1.4106= 51.906。

第二节 期权交易策略总览

以下我们将期权的主要策略做一汇总，并将上述敏感性参数的概念导入。为忠于国外的原创说法，英文名词的部分以国外的说法为准，例如买进、卖出不是用 buy、sell，而是用 long、short。

1. 买进看涨期权（Long Call），如表 4–1 所示。

表 4–1 买进看涨期权策略小档案

使用时机	预期行情大涨
最大风险	支付之权利金
最大利润	无限
损益两平点	行权价格 + 权利金点数
保证金	不需要
特点	风险有限，获利无穷

（1）举例说明：

如图 4–9 所示，现在沪深 300 指数为 2200，小民看好沪深 300 指数将出现大涨的行情，他买进 2200 的 Call 并支付 50 点的权利金。

在到期时，如果行情没有上涨超过 2200，则 50 点权利金全数归零 – 风险有限，但是行情如小民所预想大涨，甚至涨到 2500，则小民获利 2500–（2200+50）=250，投资报酬率高达 5 倍，这也是期权迷人的地方。

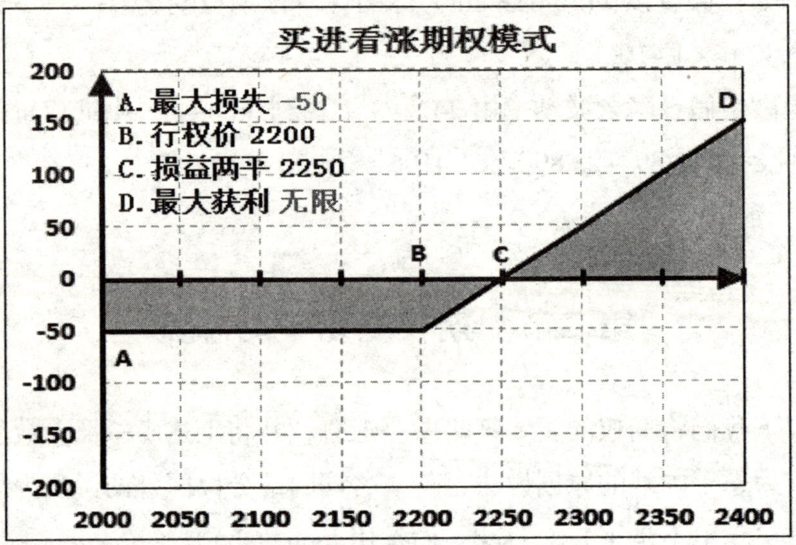

图 4–9

（2）引申思考：

正 Delta：行情上涨将会获利；

Gamma：若行情上涨，由虚值转为实值时将为加速获利；

正 Vega：隐含波动率上升将会获利；

负 Theta：行情不动将损失时间价值。

2. 买进看跌期权（Long Put），如表 4–2 所示。

表 4–2　买进看跌期权策略小档案

使用时机	预期大跌时，至少需下跌超过损益两平点
最大风险	支付之权利金
最大利润	无限
损益两平点	行权价格 – 权利金点数
保证金	不需要
特点	风险有限，获利无穷

（1）举例说明：

如图 4–10 所示，假设现在沪深 300 指数为 2200，小民认为沪深 300 指数将出现大跌的行情，他买进 2200 的 Put 并支付 50 点的权利金。

在到期时，如果行情没有跌破 2200，则 50 点权利金全数归零 – 风险有限，但是行情如小民所预想大跌，甚至跌到 1800，则小民获利 2200–（1800+50）=350 投资报酬率高达 7 倍（注：因为标的物最低只会跌到零，因此买进看跌期权的最大利润合理来说并不会无限，但因为高杠杆的因素，我们一般认同在此情况下获利无限的概念）。

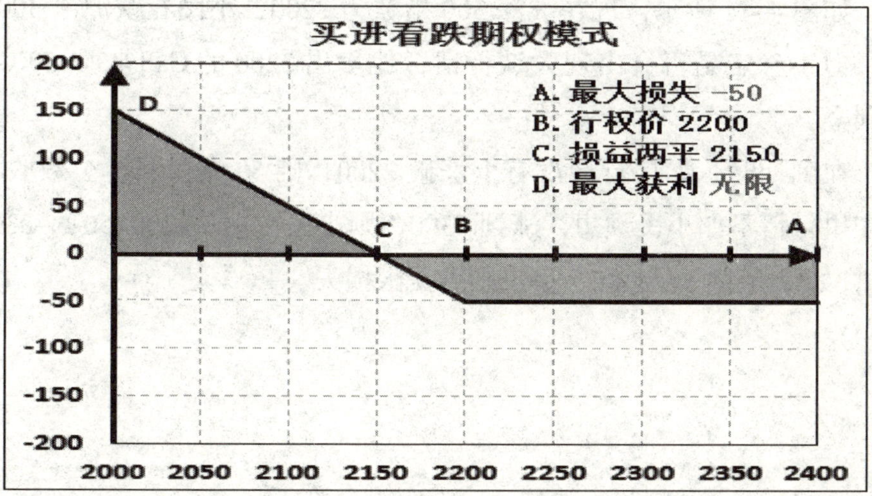

图 4–10

（2）引申思考：

负 Delta：行情下跌将会获利；

Gamma：若行情下跌，由虚值转为实值时将为加速获利；

正 Vega：隐含波动率上升将会获利；

负 Theta：行情不动将损失时间价值。

3. 卖出看涨期权（Short Call/Nacked），如表 4–3 所示。

表 4–3　卖出看涨期权策略小档案

使用时机	预期小跌时
最大风险	无限（必须特别小心）
最大利润	收取之权利金
损益两平点	行权价格 + 权利金点数
保证金	权利金 +Max（风险保证金－虚值值，最低风险保证金）
特点	获利有限，风险无限，胜率高

（1）举例说明：

如图 4–11 所示，现在沪深 300 指数为 2200，小民看跌沪深 300 指数，但不确定是否会出现大跌行情，他卖出 2200 的 Call 收取 50 点的权利金。

在到期时，如果行情没有上涨破 2200，则 50 点权利金全数收取，但如果行情不如小民预想，涨到 2300，则小民亏损（2200+50）–2300=–50，如果行情一直上涨，小民则有无限损失。

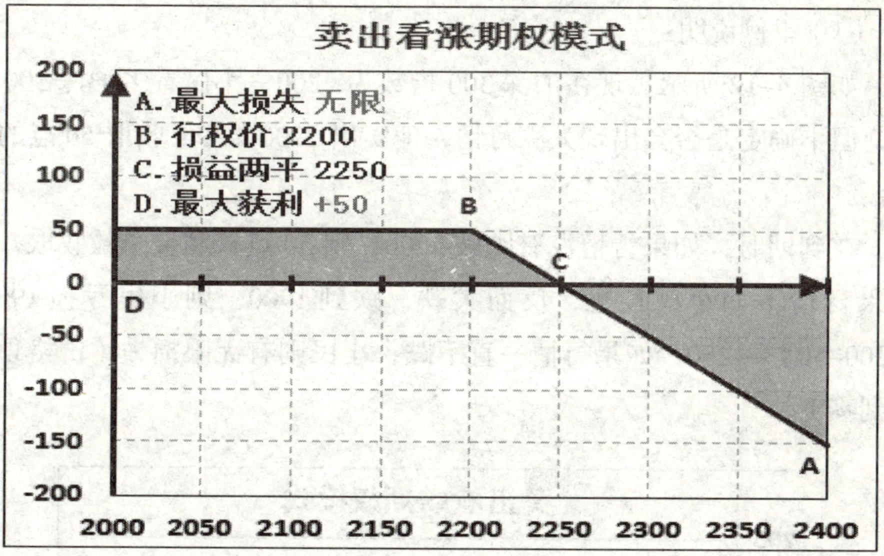

图 4-11

（2）引申思考：

负 Delta：行情上涨将会亏损；

Gamma：若行情上涨，由虚值转为实值时将为加速亏损；

负 Vega：隐含波动率上升将会亏损；

正 Theta：行情不动将收取时间价值。

4. 卖出看跌期权（Short Put/Nacked），如表 4-4 所示。

表 4-4　卖出看跌期权策略小档案

使用时机	预期小涨时
最大风险	整个目标物价值 – 权利金
最大利润	收取之权利金
损益两平点	行权价格 – 权利金点数
保证金	权利金 +MAX（风险保证金 – 虚值值，最低风险保证金）
特点	获利有限，风险无限，胜率高

（1）举例说明：

如图 4–12 所示，现在沪深 300 指数为 2200，小民看多沪深 300 指数，但不确定是否会出现大涨行情，他卖出 2200 的 Put 收取 50 点的权利金。

在到期时，如果行情没有跌破 2200，则 50 点权利金全数收取，但如果行情不如小民预想，反而大跌，跌到 1900，则小民亏损 1900–（2200–50）=–250，如果行情一直下跌，小民则有无限损失（价格顶多跌到零）。

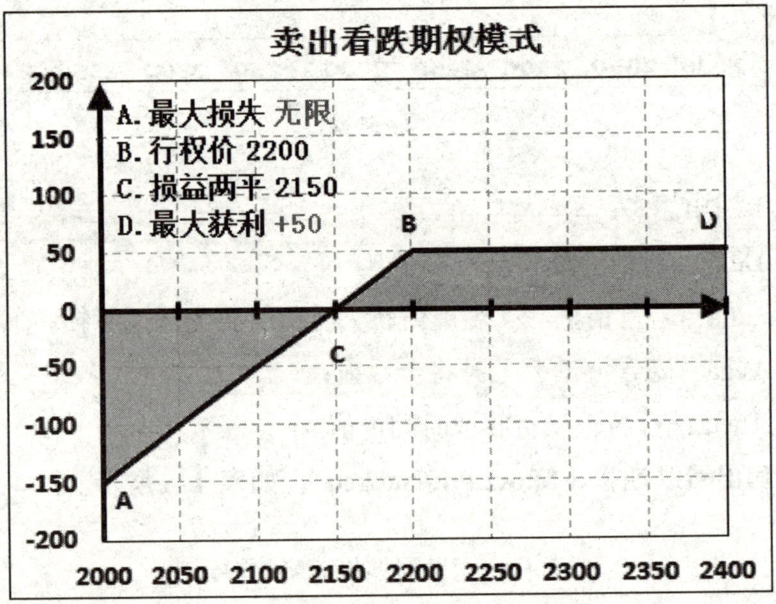

图 4–12

（2）引申思考：

正 Delta：行情上涨将会获利；

Gamma：若行情下跌，由虚值转为实值时将为加速亏损；

负 Vega：隐含波动率上升将会亏损；

正 Theta：行情不动将收取时间价值。

5. 看涨期权多头价差（Bull Call Spread），如表 4–5 所示。

表 4–5　看涨期权多头价差策略小档案

使用时机	预期小涨时
最大风险	买进 Call 支付之权利金 – 卖出 Call 收取之权利金
最大利润	（较高行权价格 – 较低行权价格）× 100 元 / 点 – 投资成本
损益两平点	较低行权价格 +（买进 Call 权利金点数 – 卖出 Call 权利金点数）
投资成本	同最大风险
保证金	无

（1）举例说明：

如图 4–13 所示，现在沪深 300 指数为 2200，小民看多沪深 300 指数，但不确定是否会出现大涨行情，他买进 2200 的 Call 并支付 50 点的权利金，同时卖出 2300 的 Call 并收取 25 点权利金。

在到期时，如果行情上涨到 2300，则有最大获利（2300–2200）–（50–25）=75，如果行情没有上涨超过 2200，则亏损亦可从单买 Call 损失 50 点，减少变为（50–25）=25 点。

（2）引申思考：

正 Delta：行情上涨将会获利；

Gamma：行情上涨时，获利会递减；

正 Vega：隐含波动率上升将会获利；

负 Theta：行情不动将流失时间价值。

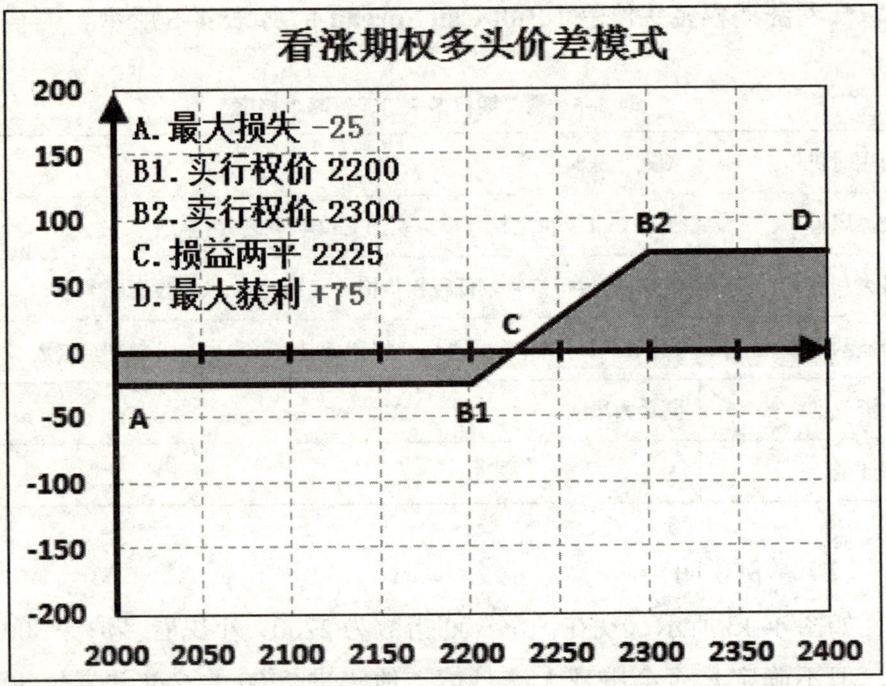

图 4–13

6. 看涨期权空头价差（Bear Call Spread），如表 4–6 所示。

表 4–6　看涨期权空头价差策略小档案

使用时机	预期小跌时
最大风险	（较高行权价格 – 较低行权价格）× 100 元 / 点 –（卖出 Call 权利金 – 买进 Call 权利金）
最大利润	卖出 Call 权利金 – 买进 Call 权利金
损益两平点	较低行权价格 +（卖出 Call 权利金点数 – 买进 Call 权利金点数）
保证金	原始卖方保证金 + 买方权利金支付

（1）举例说明：

如图 4–14 所示，现在沪深 300 指数为 2200，小民看空沪深 300 指数，但不确定是否会出现大跌行情，他卖出 2200 的 Call 并收取 50 点的权利金，同时买进 2300 的 Call 并支付 25 点权利金。

在到期时，如果行情结算在 2200 之下，则有最大获利 50–25=25，如果行情上涨超过 2300，则最大亏损为（50–25）–（2300–2200）=–75。

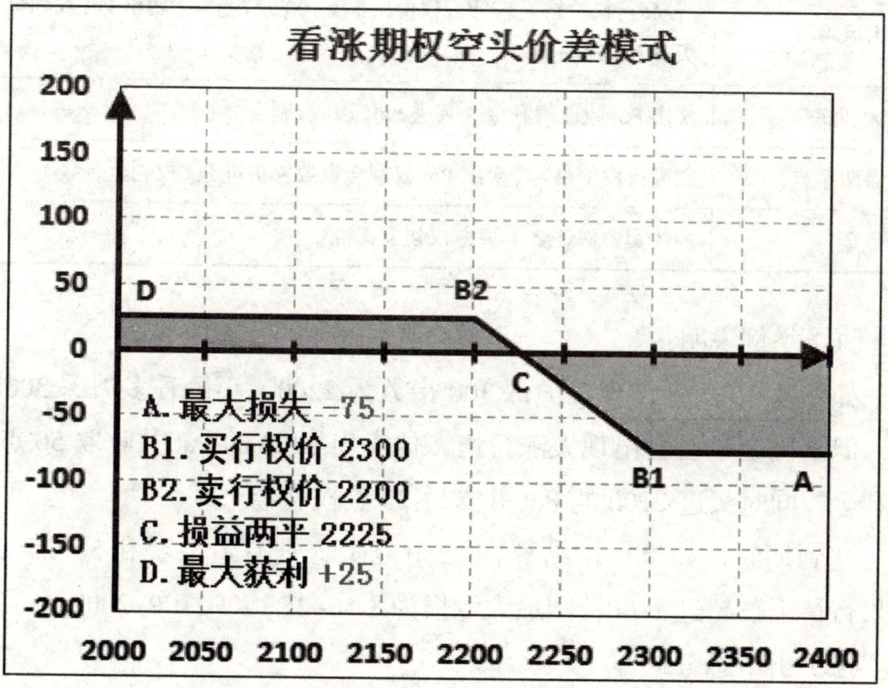

图 4–14

（2）引申思考：

负 Delta：行情上涨将会亏损；

Gamma：行情上涨，亏损将会递减；

负 Vega：隐含波动率上升将会亏损；

正 Theta：行情不动将收取时间价值。

7. 看跌期权多头价差（**Bull Put Spread**），如表 4–7 所示。

表 4–7　看跌期权多头价差策略小档案

使用时机	预期市场小涨时
最大风险	（较高行权价格 – 较低行权价格）×100 元 / 点 –（卖出 Put 权利金 – 买进 Put 权利金）
最大利润	卖出 Put 收取权利金 – 买进 Put 支付权利金
损益两平点	较高行权价格 –（卖出 Put 权利金点数 – 买进 Put 权利金点数）
保证金	原始卖方保证金 + 买方权利金支付

（1）举例说明：

如图 4–15 所示，现在沪深 300 指数为 2200，小民看多沪深 300 指数，但不确定是否会出现大涨行情，他卖出 2200 的 Put 并收取 50 点的权利金，同时买进 2100 的 Put 并支付 25 点权利金。

在到期时，如果行情结算在 2200 之上，则有最大获利 50–25=25，如果行情下跌超过 2100，则最大亏损为（50–25）–（2100–2000）=–75。

（2）引申思考：

正 Delta：行情上涨将会获利；

Gamma：行情下跌时，亏损递减；

负 Vega：隐含波动率上升将会亏损；

正 Theta：行情不动将收取时间价值。

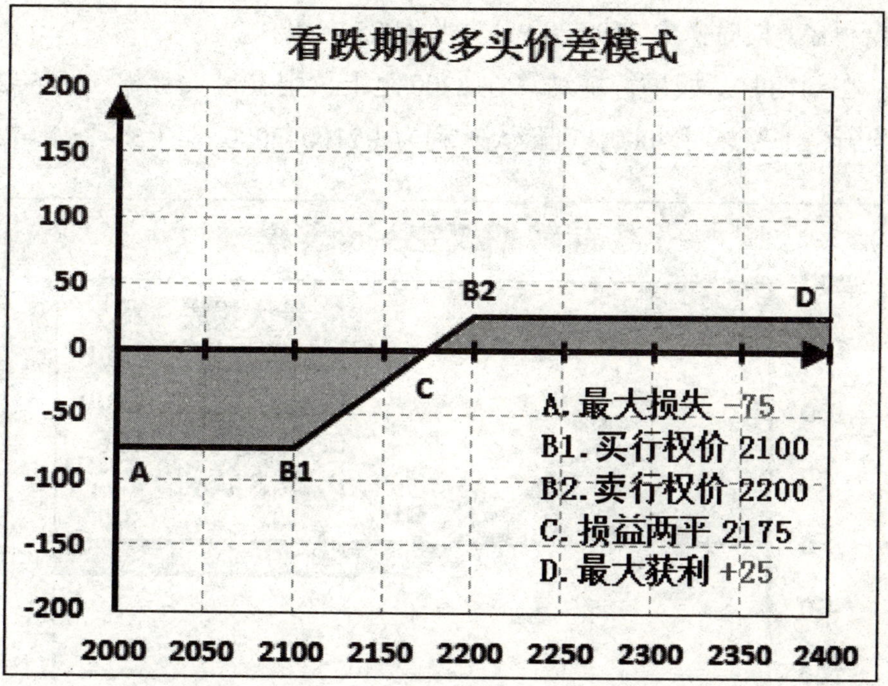

图 4–15

8. 看跌期权空头价差（Bear Put Spread），如表 4–8 所示。

表 4–8　看跌期权空头价差策略小档案

使用时机	预期市场小跌时
最大风险	买进 Put 权利金 – 卖出 Put 权利金
最大利润	（较高行权价格 – 较低行权价格）×100 元 / 点 –（买进 Put 权利金 – 卖出 Put 权利金）
损益两平点	较高行权价格 –（买进 Put 权利金点数 – 卖出 Put 权利金点数）
保证金	无

（1）举例说明：

如图 4–16 所示，现在沪深 300 指数为 2200，小民看空沪深 300 指数，但不确定是否会出现大跌行情，则他买进 2200 的 Put 并支付 50 点的权利金，同时卖出 2100 的 Put 并收取 25 点权利金。

在到期时，如果行情结算在 2200 之上，则有最大亏损 50–25=25，如果行情下跌超过 2000，则最大获利为（2100–2000）–（50–25）=75。

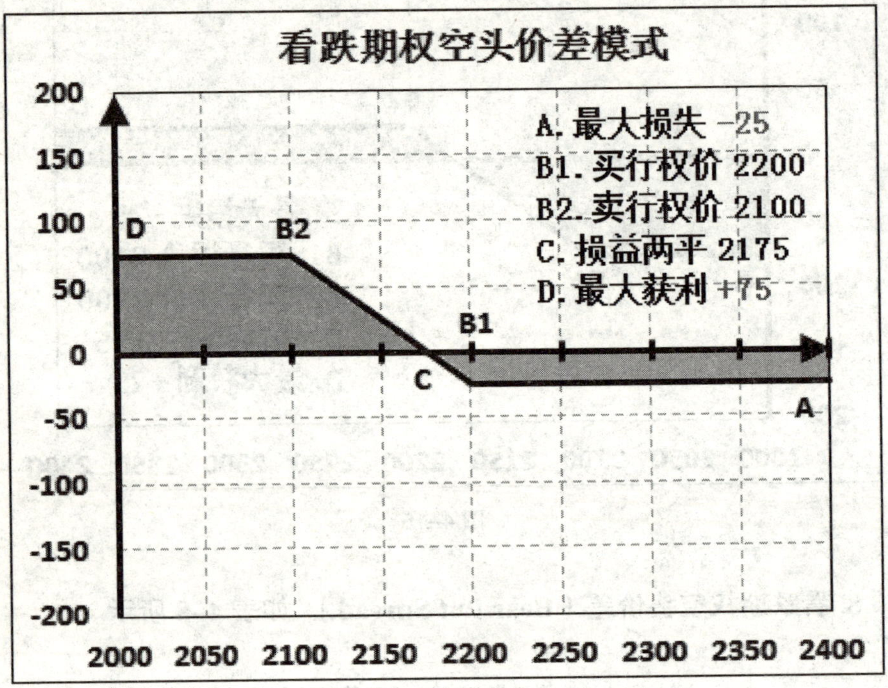

图 4–16

（2）引申思考：

负 Delta：行情下跌将会获利；

Gamma：行情下跌时，获利递减；

正 Vega：隐含波动率上升将会获利；

负 Theta：行情不动将流失时间价值。

（3）背诵技巧：

无论看涨期权或是看跌期权，多头价差就是针对行权价做买低卖高的动作，空头价差就是针对行权价做买高卖低的动作。

9. 买进跨式价差（Long Straddle），如表 4–9 所示。

表 4–9　买进跨式策略小档案

使用时机	预期目标物大涨或大跌时
最大风险	买进 Call 权利金 + 买进 Put 权利金
最大利润	无限
损益两平点	行权价格 +（买进 Call 权利金点数 + 买进 Put 权利金点数）（高） 行权价格 –（买进 Call 权利金点数 + 买进 Put 权利金点数）（低）
保证金	无

（1）举例说明：

如图 4–17 所示，现在沪深 300 指数为 2200，小民对沪深 300 指数有着大幅度行情的预期，但不确定方向，他买进 2200 的 Call 并支付 50 点的权利金，同时买进 2200 的 Put 并付出 50 点权利金。

在到期时，如果行情结算在 2200+（50+50）=2300 之上时，获利无限，同时结算在 2200–（50+50）=2100 之下时，亦获利无限。最大亏损为行情毫无波动的结算在 2100 ~ 2300 之间时，最大损失 100 点。

（2）引申思考：

中性 Delta：行情上涨或下跌超过一定幅度即会获利；

Gamma：行情上涨或下跌时，获利会加速放大；

正 Vega：隐含波动率上升将会获利；

负 Theta：行情不动将流失时间价值。

（3）背诵技巧：

单一行权价（Straddle）。

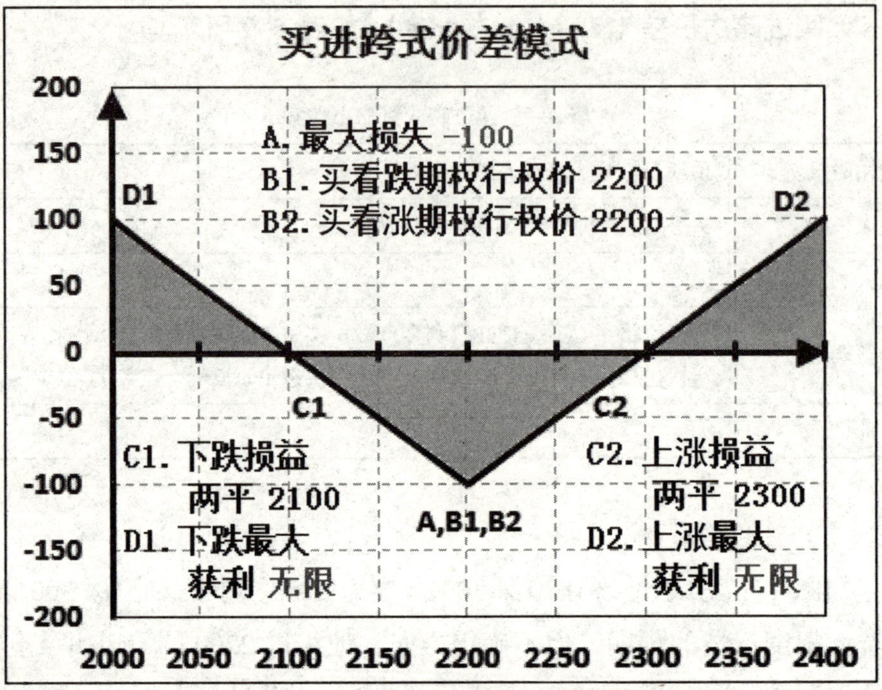

图 4–17

10. 买进勒式价差（Long Strangle），如表 4–10 所示。

表 4–10　买进勒式策略小档案

使用时机	预期目标物大涨或大跌时
最大风险	买进 Call 权利金 + 买进 Put 权利金
最大利润	无限
损益两平点	较高行权价格 +（买进 Call 权利金点数 + 买进 Put 权利金点数）（高） 较低行权价格 –（买进 Call 权利金点数 + 买进 Put 权利金点数）（低）
保证金	无

（1）举例说明：

如图 4–18 所示，现在沪深 300 指数为 2200，小民对沪深 300 指数有着大幅度行情的预期，但不确定方向，他买进 2300 的 Call 并支付 25 点的权利金，同时买进 2100 的 Put 并付出 25 点权利金。

在到期时，如果行情结算在 2300+（25+25）=2350 之上时，获利无限，同时结算在 2100–（50+50）=2050 之下时，亦获利无限。最大亏损为行情毫无波动的结算在 2050 ~ 2350 之间时，最大损失 50+50=100 点。

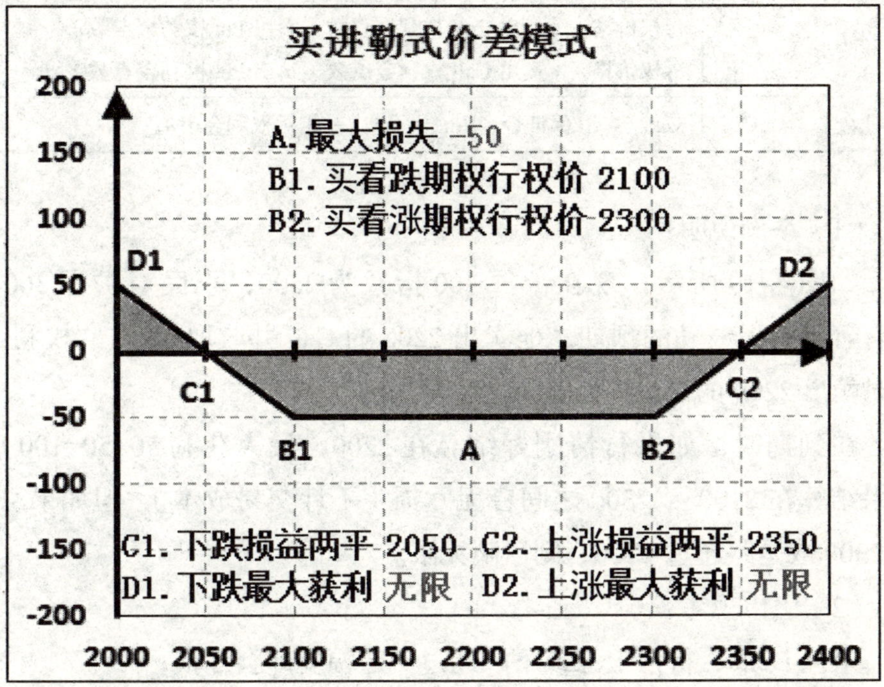

图 4–18

（2）引申思考：

中性 Delta：行情上涨或下跌超过一定幅度即会获利；

正 Gamma：行情上涨或下跌时，获利会加速放大；

正 Vega：隐含波动率上升将会获利；

负 Theta：行情不动将流失时间价值。

（3）背诵技巧：

两个行权价（Strangle）。

11. 卖出跨式价差（Short Straddle），如表 4–11 所示。

表 4–11　卖出跨式策略小档案

使用时机	预期市场盘整时
最大风险	无限
最大利润	卖出 Call 权利金 + 卖出 Put 权利金
损益两平点	行权价格 +（卖出 Call 权利金点数 + 卖出 Put 权利金点数）（高） 行权价格 –（卖出 Call 权利金点数 + 卖出 Put 权利金点数）（低）
保证金	Max（Call 保证金，Put 保证金）+ 相对权利金市值

（1）举例说明：

如图 4–19 所示，现在沪深 300 指数为 2200，小民对沪深 300 指数有着盘整无波动的预期，他卖出 2200 的 Call 并收取 50 点的权利金，同时卖出 2200 的 Put 并收取 50 点权利金。

在到期时，如果行情刚好结算在 2200，最大获利 50+50=100 点，如果结算在 2100 ~ 2300 之间皆无亏损（不计交易成本），但如果涨超过 2300 或是跌超过 2100，则风险无限。

（2）引申思考：

中性 Delta：行情上涨或下跌超过一定幅度即会亏损；

Gamma：行情上涨或下跌时，亏损会加速放大；

负 Vega：隐含波动率上升将会亏损；

正 Theta：行情不动将收取时间价值。

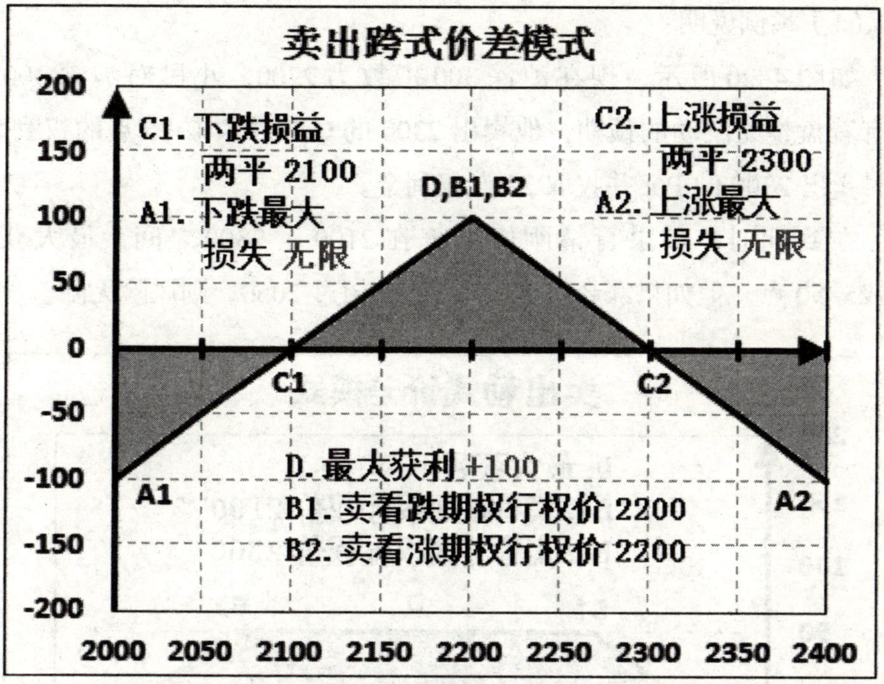

图 4–19

12. 卖出勒式价差（Short Strangle），如表 4–12 所示。

表 4–12　卖出勒式策略小档案

使用时机	预期市场盘整时
最大风险	无限
最大利润	卖出 Call 权利金 + 卖出 Put 权利金
损益两平点	较高行权价格 +（卖出 Call 权利金点数 + 卖出 Put 权利金点数）（高） 较低行权价格 –（卖出 Call 权利金点数 + 卖出 Put 权利金点数）（低）
保证金	Max（Call 保证金，Put 保证金）+ 相对权利金市值

（1）举例说明：

如图 4–20 所示，现在沪深 300 指数为 2200，小民对沪深 300 指数有着盘整无波动的预期，他卖出 2300 的 Call 并收取 25 点的权利金，同时卖出 2300 的 Put 并收取 25 点权利金。

在到期时，如果行情刚好结算在 2100 ~ 2300 之间，最大获利 25+25=50 点，但如果涨超过 2350 或是跌超过 2050，则风险无限。

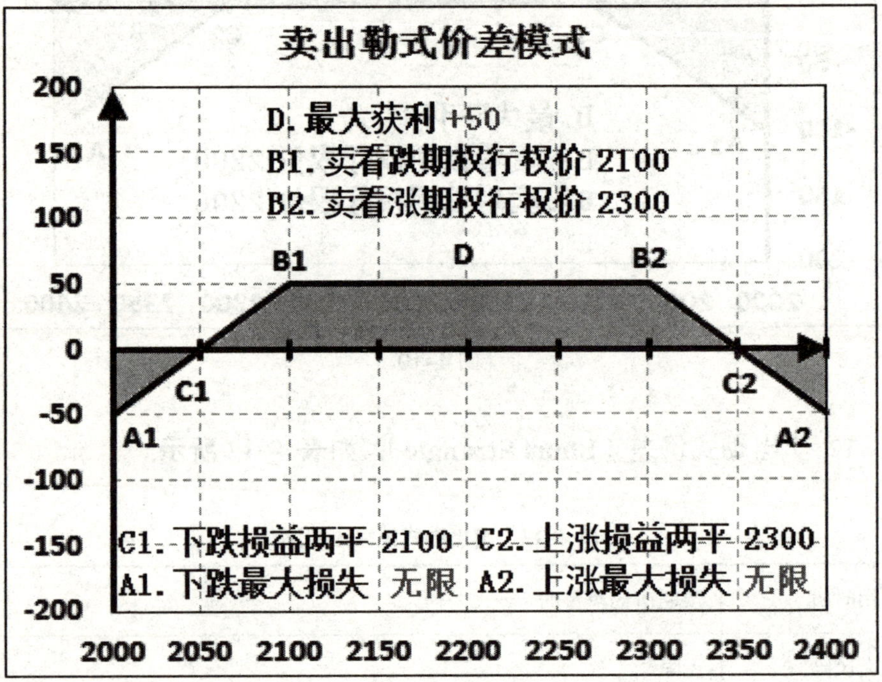

图 4–20

（2）引申思考：

中性 Delta：行情上涨或下跌超过一定幅度即会亏损；

Gamma：行情上涨或下跌时，亏损会加速放大；

负 Vega：隐含波动率上升将会亏损；

正 Theta：行情不动将收取时间价值。

13. 买进期货 + 卖出看涨期权策略（Covered Call），如表 4–13 所示。

表 4–13　买进期货 + 卖出看涨期权策略小档案

使用时机	预期小涨格局时
最大风险	（买进期货指数 – 权利金点数）× 100 点
最大利润	权利金 +（行权价格 – 买进期指）× 100 点
损益两平点	买进之期货指数 – 权利金点数
保证金	期权卖方保证金 + 指数期货买方保证金

注：暂时假设期货与期权合约规格相同，每一跳动点都一样，相对比例为 1∶1。

买进期货 + 卖出看涨期策略的使用时机和效果与卖出看跌期权策略完全一致。在买进期货后，又卖出看涨期权，把期货部位大涨的获利机会卖出，换取卖出看涨期权所收取的权利金，其结果就等于合成的卖出看跌期权策略。

（1）举例说明：

如图 4–21 所示，现在沪深 300 指数为 2120，小民对沪深 300 指数看多，但预期只是小涨，他买进 1 手沪深 300 期货成本在 2120，同时卖出 1 手 2200 的 Call 并收取 30 点权利金（先暂时假设期货与期权合约规格相同，每一跳动点都一样），最大获利产生于指数结算在 2200 之上，获利为（2200–2120）+30=110 点，而万一行情不利多方，在期货跌破 2120–30=2090 时才会开始产生亏损。

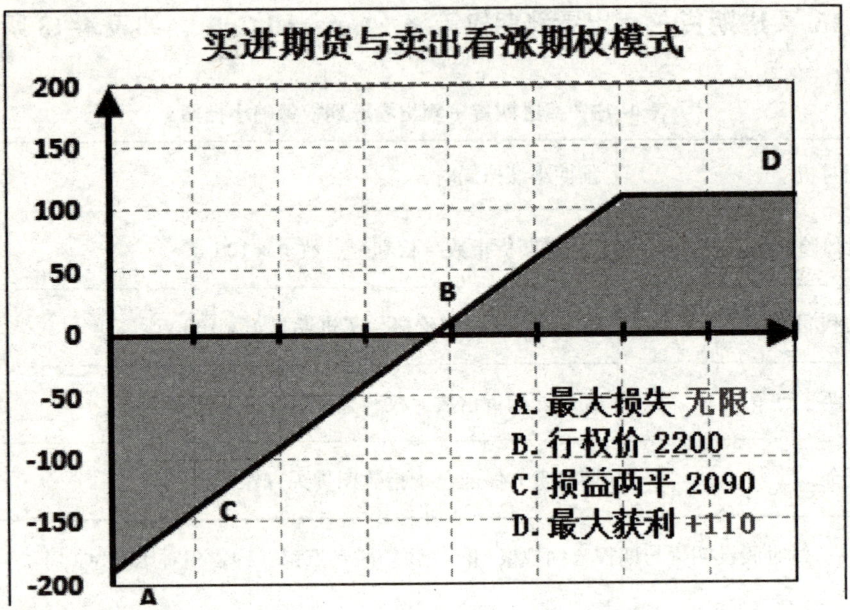

图 4–21

（2）引申思考：

正 Delta：行情上涨将会获利；

Gamma：行情上涨时，获利递减；

负 Vega：隐含波动率上升将会亏损；

正 Theta：行情不动将收取时间价值。

14. 卖出期货 + 卖出看跌期权策略（Covered Put），如表 4–14 所示。

表 4–14　卖出期货 + 卖出看跌期权策略小档案

使用时机	预期小跌时
最大风险	无限
最大利润	权利金 +（卖出期指 – 行权价格）× 100 点
损益两平点	卖出期指指数 + 权利金点数
保证金	期权卖方保证金 + 指数期买方保证金

注：暂时假设期货与期权合约规格相同，每一跳动点都一样，相对比例为 1∶1。

卖出期货配合卖出看跌期权策略的使用时机和效果与卖出看涨期权策略完全一致。在卖出期货后，又卖出看跌期权，把期货部位大跌的获利机会卖出，换取卖出看跌期权所收取的权利金，其结果就等于合成的卖出看涨期权策略。

（1）举例说明：

如图 4–22 所示，现在沪深 300 指数为 2120，小民对沪深 300 指数看空，但预期只是小跌，他卖出 1 手沪深 300 期货成本在 2120，同时卖出 1 手 2000 的 Put 并收取 20 点权利金（暂时假设期货与期权合约规格相同，每一跳动点都一样），最大获利产生于结算在 2000 之下，获利为（2120–2000）+20=140 点，而万一行情不利多方，在期货涨过 2120+20=2140 时才会开始产生亏损。

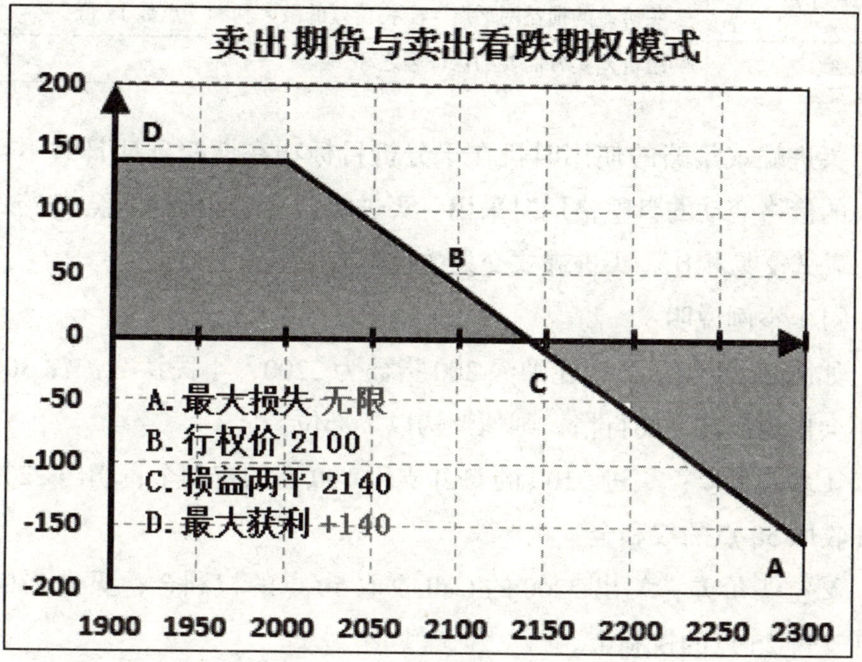

图 4–22

（2）引申思考：

负 Delta：行情上涨将会亏损；

Gamma：若行情上涨，由虚值转为实值时将为加速亏损；

负 Vega：隐含波动率上升将会亏损；

正 Theta：行情不动将收取时间价值。

15. 买进蝶式价差策略（Long Call Butterfly），如表 4–15 所示。

表 4–15　买进蝶式价差策略小档案

（由较低行权价格之多头价差 + 较高行权价格之空头价差组成，且二者有一个共同行权价格）	
使用时机	预期目标物价格盘整时
最大风险	多头价差的最大风险 – 空头价差之最大利润
最大利润	多头价差的最大利润 + 空头价差之最大利润
损益两平点	空头价差的损益两平点 + 多头价差的最大利润（点数）（高） 多头价差的损益两平点 – 空头价差的最大利润（点数）（低）
保证金	两组价差卖方需要的保证金之和

买进蝶式策略的使用时机在于分析目标物在期权到期日时不会有重大的价格变动的盘整格局时采用。买进蝶式交易的最大优点与跨式交易、勒式交易相比，买进蝶式交易的风险有限。

（1）举例说明：

如图 4–23 所示，现在沪深 300 指数为 2200，小民认为沪深 300 指数不会出现大波动的行情，则他架构以下部位：

①多头价差：买进 2100 的 Call 支付 100 点的权利金；卖出 2200 的 Call 收取 50 点的权利金。

②空头价差：卖出 2200 的 Call 收取 50 点的权利金；买进 2300 的 Call 支付 25 点的权利金。

将①和②组合后，权利金变化为一共收取 100 点权利金，支付 125 点权利金，权利金净支出为 25 点。

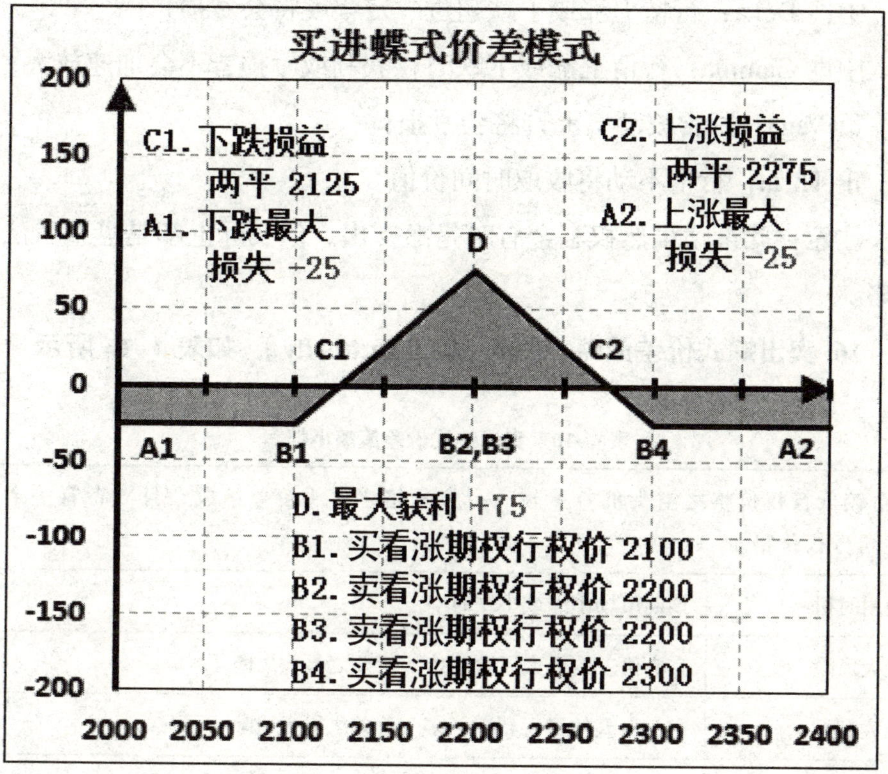

图 4–23

③该策略之最大风险为：多头价差的最大风险 – 空头价差之最大利润 =（100–50）–（50–25）=–25 点。

④该策略之最大利润为：多头价差的最大利润 + 空头价差之最大利润 =（2200–2100–100+50）+（50–25）=75 点。

⑤该策略之损益两平点高点为：空头价差的损益两平点 + 多头价差的最大利润 =（2200+50–25）+50=2275 点。

⑥该策略之损益两平点低点为：多头价差的损益两平点 – 空头价差

的最大利润 =（2100+100−50）−25 点 =2125 点。

（2）引申思考：

中性 Delta：行情上涨或下跌超过一定幅度将会亏损；

中性 Gamma：行情上涨或下跌时，获利或亏损皆不会加速放大；

负 Vega：隐含波动率上升将会亏损；

正 Theta：行情不动将收取时间价值。

注意：此策略虽然权利金有时是净支出，但实际上却是盘整看法的策略。

16. 卖出蝶式价差策略（Short Call Butterfly），如表 4−16 所示。

表 4−16　卖出蝶式价差策略小档案

（由较低行权价格之空头价差 + 较高行权价格之多头价差组成，且二者有一个共同行权价格）	
使用时机	预期市场小涨或小跌时
最大风险	空头价差的最大风险 + 多头价差之最大风险
最大利润	空头价差的最大利润 − 多头价差之最大风险
损益两平点	多头价差的损益两平点 + 空头价差的最大风险（点数）（高） 空头价差的损益两平点 − 多头价差的最大风险（点数）（低）
保证金	两组价差卖方需要的保证金之和

卖出蝶式策略的使用时机在于分析目标物在期权到期日时会有重大的价格变动时采用。卖出蝶式交易的最大优点是与跨式交易、勒式交易相比，卖出蝶式交易的风险有限。

（1）举例说明：

如图 4−24 所示，现在沪深 300 指数为 2200，小民认为沪深 300 指数将有剧烈波动的行情，则他架构以下部位：

①空头价差：卖出 2100 的 Call 收取 100 点的权利金；买进 2200 的 Call 支付 50 点的权利金。

②多头价差：买进 2200 的 Call 支付 50 点的权利金；卖出 2300 的 Call 收取 25 点的权利金。

将①和②组合后，权利金变化为一共支付 100 点权利金，收取 125 点权利，权利金收入为 25 点。

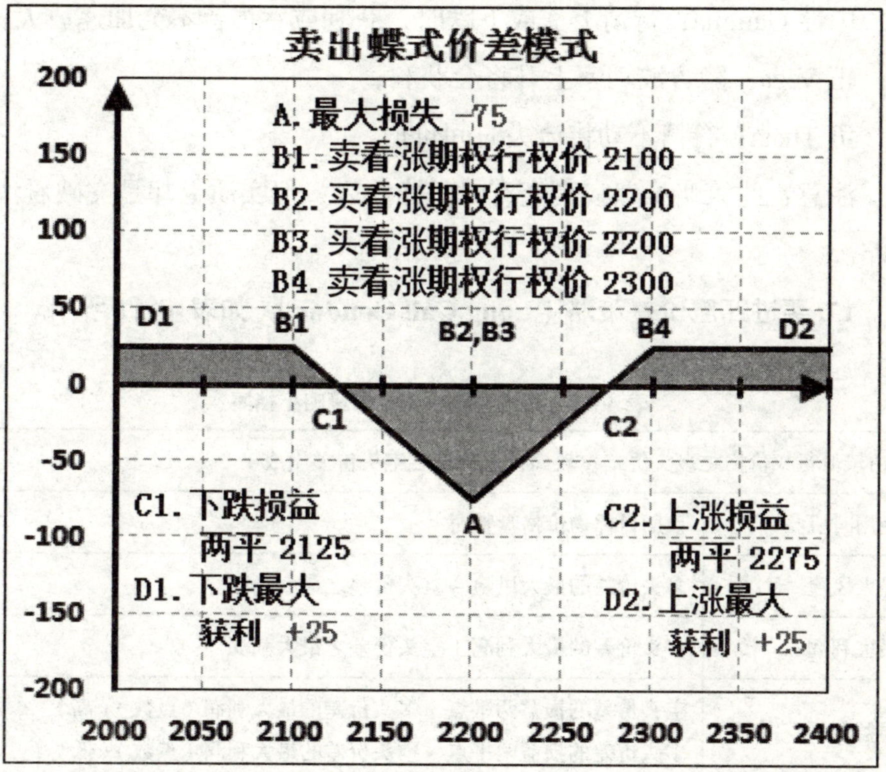

图 4–24

③该策略之最大风险为：空头价差的最大风险 + 多头价差之最大风险 =（2200–2100–100+50）+（–50+25）=–75 点。

④该策略之最大利润为：空头价差的最大利润 – 多头价差之最大风险 =（100–50）–（50–25）=25 点。

⑤该策略之损益两平点高点为：多头价差的损益两平点 + 空头价差的最大风险 =（2200+25）+（2200–2100–100+50）=2275 点。

⑥该策略之损益两平点低点为：空头价差的损益两平点 – 多头价差的最大风险 =（2100+100–50）–（50–25）=2125 点。

（2）引申思考：

中性 Delta：行情上涨或下跌超过一定幅度将会获利；

中性 Gamma：行情上涨或下跌时，获利或亏损皆不会加速放大；

正 Vega：隐含波动率上升将会获利；

负 Theta：行情不动将流失时间价值。

注意：此策略虽然权利金有时是净收入，但实质上却是突破看法的策略。

17. 买进兀鹰价差策略（Long Call Condor），如表 4–17 所示。

表 4–17 买进兀鹰价差交易策略小档案

（由较低行权价格之多头价差 + 较高行权价格之空头价差组成）

使用时机	预期目标物价格盘整时
最大风险	多头价差的最大风险 – 空头价差之最大利润
最大利润	多头价差的最大利润 + 空头价差之最大利润
损益两平点	空头价差的损益两平点 + 多头价差的最大利润（点数）（高） 多头价差的损益两平点 – 空头价差的最大利润（点数）（低）
保证金	两组价差卖方需要的保证金之和

买进兀鹰价差策略的做法是“建立一组行权价较低的多头价差（即买入低行权价选择权，同时卖出高行权价选择权），同时建立一组行权

价较高的空头价差（即卖出低行权价选择权，买入较高行权价选择权），而多头价差的行权价间距要等于空头价差之行权价间距”，是由4手期权来组成的复合式策略。

这两组价差策略可以全部由看涨期权或全部由看跌期权来组成，即为一般所指的买进兀鹰价差策略。但实际上，基于虚值选择权时交易量较大，而买卖价差较小的考虑，所以在执行买进兀鹰策略时，经常以看跌期权来组成较低行权价的多头价差，而较高行权价的空头价差则由看涨期权来组成，即形成了“买进铁兀鹰策略”。

买进兀鹰价差策略的最大利润，会发生在标的现货价格到期时收在四个行权价中的中间两个行权价之间的情况；若标的现货价格在到期时收在最低行权价以下，或收在最高行权价以上，将会有最大的损失。

买进兀鹰价差策略和买进蝶式价差策略非常相似，差别在于选择行权价格的不同，因此将获利区间拉大，都是有限风险，有限报酬，不像卖出跨式或卖出勒式策略一样，会有无限的风险。

（1）举例说明：

如图4–25所示，现在沪深300指数为2200，小民预期沪深300指数不会出现大波动的行情，则他架构以下部位：

①多头价差：买进2000的Call支付210点的权利金；卖出2100的Call收取120点的权利金。

②空头价差：卖出2300的Call收取25点的权利金；买进2400的Call支付10点的权利金。

将①和②组合后，权利金变化为一共收取145点权利金，支付220点权利金，权利金净支出75点。

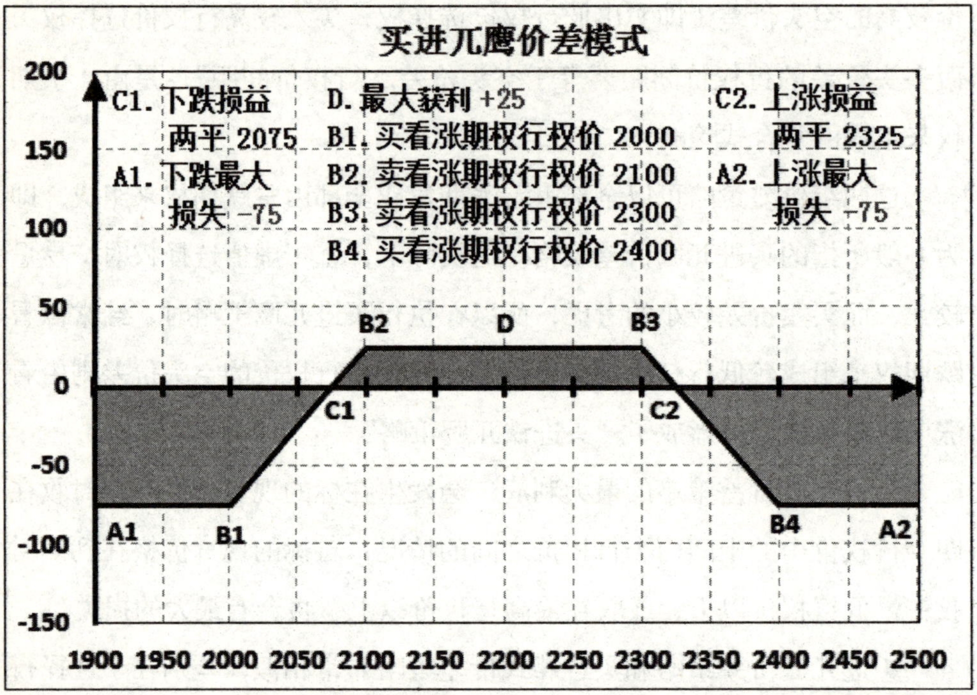

图 4–25

③该策略之最大风险为：多头价差的最大风险 – 空头价差之最大利润 =（120–210）–（25–10）=–75 点。

④该策略之最大利润为：多头价差的最大利润 + 空头价差之最大利润）=（2100–2000–210+120）+（25–10）=25 点。

⑤该策略之损益两平点高点为：空头价差的损益两平点 + 多头价差的最大利润 =（2300+25–10）+（2100–2000–210+120）=2325 点。

⑥该策略之损益两平点低点为：多头价差的损益两平点 – 空头价差的最大利润 =（2000+210–120）–（25–10）=2075 点。

最大获利为结算在 2100 ~ 2300 时获利 25 点，损益两平点分别是 2075 与 2325。最大损失则是结算在 2400 之上与 2000 之下，为 –75 点。

（2）引申思考：

中性 Delta：行情上涨或下跌超过一定幅度将会亏损；

中性 Gamma：行情上涨或下跌时，获利或亏损皆不会加速放大；

负 Vega：隐含波动率上升将会亏损；

正 Theta：行情不动将收取时间价值。

注意：此策略虽然权利金有时是净支出，但实质上却是盘整看法的策略。

18. 卖出兀鹰价差策略（Short Call Condor），如表 4-18 所示。

表 4-18 卖出兀鹰价差交易策略小档案

（由较高行权价格之多头价差 + 较低行权价格之空头价差组成）	
使用时机	预期市场小涨或小跌时
最大风险	空头价差的最大风险 + 多头价差之最大风险
最大利润	空头价差的最大利润 - 多头价差之最大风险
损益两平点	多头价差的损益两平点 + 空头价差的最大风险（点数）（高） 空头价差的损益两平点 - 多头价差的最大风险（点数）（低）
保证金	两组价差卖方需要的保证金之和

卖出兀鹰价差策略是由 4 手期权所组成的复合式策略，其使用时机是在预期标的现货价小幅上涨或小幅下跌时使用，该策略的风险与获利均是有限的。

卖出兀鹰价差策略的做法是“建立一组行权价较低的空头价差（即卖出较低行权价期权，同时买入较高行权价期权），同时建立一组行权价较高的多头价差（即买进较低行权价期权，卖出较高行权价期权），而多头价差之行权价间距要等于空头价差之行权价间距”。

这两组价差策略可以全部由看涨期权或全部由看跌期权来组成，即为一般所指卖出兀鹰价差策略。但实际上，基于虚值期权时交易量较大，买卖价差较小的考虑，所以在执行卖出兀鹰策略时，经常以看跌期权来组成较低行权价的空头价差，而较高行权价的多头价差则由看涨期权来组成，即形成“卖出铁兀鹰策略”。

卖出兀鹰价差策略的最大利润，会发生在标的现货价格到期时收在四个行权价中的最低行权价以下，或最高行权价以上的情况时。若标的现货价格在到期时收在中间两个行权价之间，将会产生最大损失。

（1）举例说明：

如图 4–26 所示，现在沪深 300 指数为 2200，小民认为沪深 300 指数会出现比盘整波动幅度更大的小幅上涨或小幅下跌，则他架构以下部位：

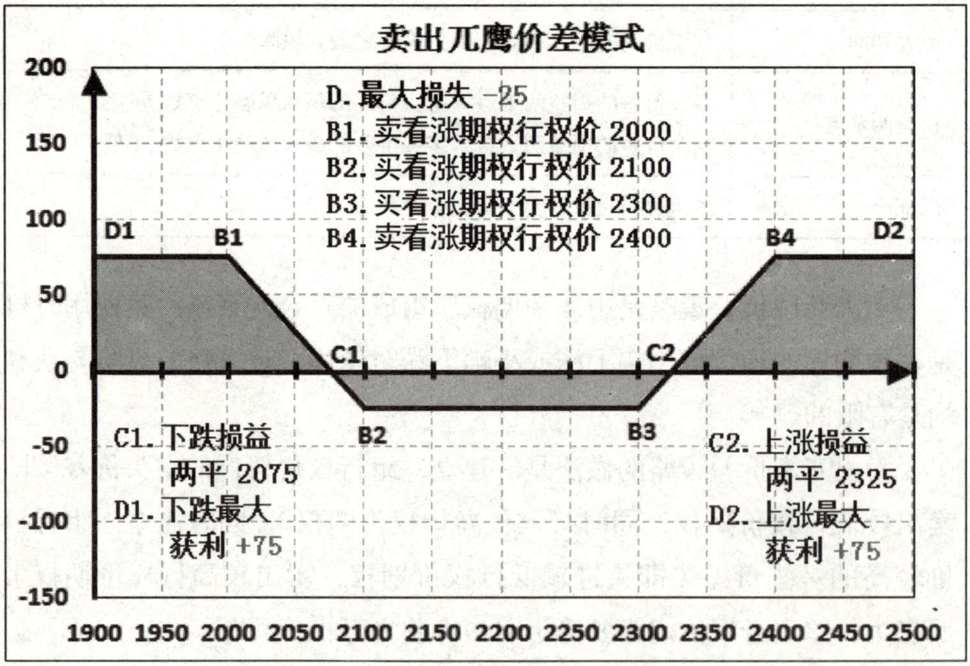

图 4–26

①空头价差：卖出 2000 的 Call 收取 210 点的权利金；买进 2100 的 Call 支付 120 点的权利金。

②多头价差：买进 2300 的 Call 支付 25 点的权利金；卖出 2400 的 Call 收取 10 点的权利金。

将①和②组合后，权利金变化为一共收取 220 点权利金，支付 145 点权利金，权利金收入为 75 点。

③该策略之最大风险为：空头价差的最大风险 + 多头价差之最大风险 =（2000–2100+210–120）+（10–25）=–25 点。

④该策略之最大利润为：空头价差的最大利润 + 多头价差之最大风险 =（210–120）+（10–25）=75 点。

⑤该策略之损益两平点高点为：多头价差的损益两平点 – 空头价差的最大风险 =（2300+25–10）–（2000–2100+210–120）=2325 点。

⑥该策略之损益两平点低点为：空头价差的损益两平点 + 多头价差的最大风险 =（2000+210–120）+（10–25）=2075 点。

最大获利为结算在 2400 之上与 2000 之下时，获利 75 点，损益两平点分别是 2075 与 2325，最大损失则是结算在 2100 ~ 2300 之间时，为 –25 点。

（2）引申思考：

中性 Delta：行情上涨或下跌超过一定幅度才会获利；

中性 Gamma：行情上涨或下跌时，获利或亏损皆不会加速放大；

正 Vega：隐含波动率上升将会获利；

负 Theta：行情不动将流失时间价值。

注意：此策略虽然在权利金有时是净收入，但实质上却是突破看法的策略。

（3）背诵技巧：

蝴蝶比较小，策略中只有三个行权价，兀鹰比较大，策略中有四个行权价。

19. 转换策略（Conversion），如表 4–19 所示。

表 4–19　转换交易策略小档案

使用时机	预期将大跌时
最大风险	无限
最大利润	无限
损益两平点	行权价格 + 看涨期权权利金点数 – 看跌期权权利金点数
保证金	卖出看涨期权之保证金

此策略主要以看涨期权与看跌期权来合成如同做空期货时的部位，利用卖出看涨期权，同时买入看跌期权（皆选平值期权），其到期时的损益将类似期货的空方部位。

（1）举例说明：

如图 4–27 所示，现在沪深 300 指数为 2220，小民看空沪深 300 指数，他卖出 1 手 2200 的 Call 并收取权利金 50 点，同时买入 2200 的 Put 并支付权利金 30 点，小民建立起一组看空沪深 300 的期权转换组合。

（2）引申思考：

负 Delta：行情上涨将会亏损；

Gamma：行情上涨或下跌时，获利或亏损皆不会加速放大；

中性 Vega：隐含波动率上升或下降对损益无影响；

中性 Theta：损益与时间价值无关。

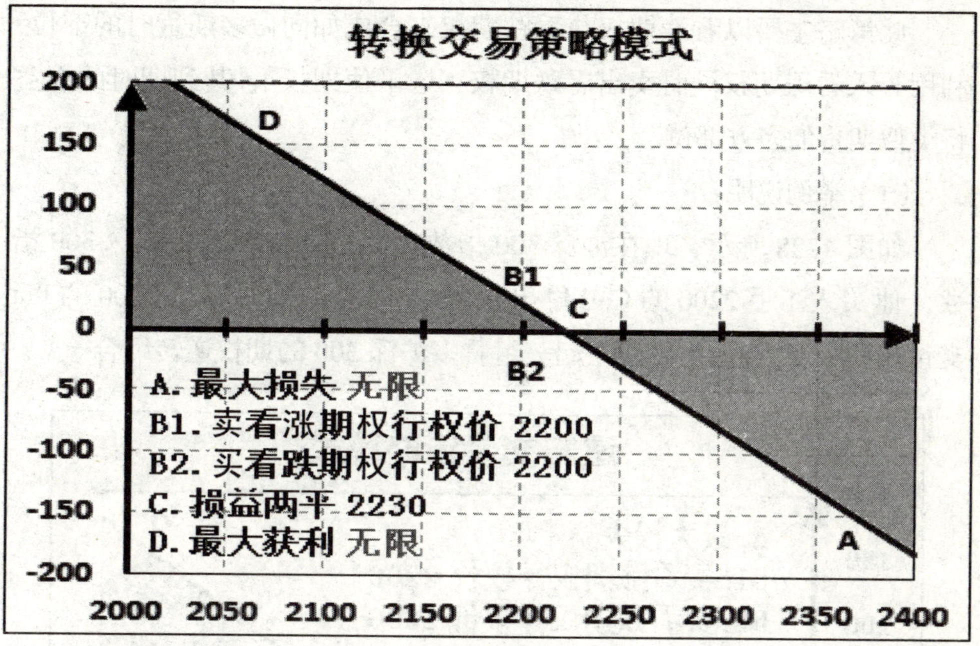

图 4–27

20. 逆转策略（Reversals），如表 4–20 所示。

表 4–20　逆转交易策略小档案

使用时机	预期将大涨时
最大风险	无限
最大利润	无限
损益两平点	行权价格＋看涨期权权利金点数－看跌期权权利金点数
保证金	卖出看跌期权之保证金

此策略主要以看涨期权与看跌期权来合成如同做多期货时的部位，利用买入看涨期权同时卖出看跌期权（皆平值期权），其到期时的损益将类似期货的多方部位。

（1）举例说明：

如图 4–28 所示，现在沪深 300 指数为 2220，小民看多沪深 300 指数，他买入 1 手 2200 的 Call 付出权利金 50 点，同时卖出 2200 的 Put 支付权利金 30 点，小民建立起一组看多沪深 300 的期权逆转组合。

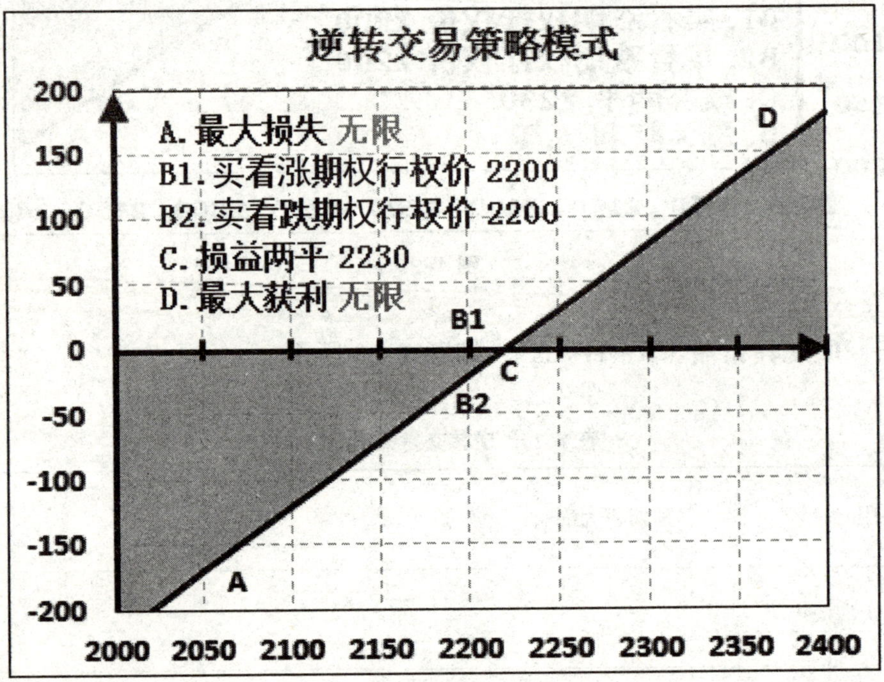

图 4–28

（2）引申思考：

正 Delta：行情上涨将会获利；

中性 Gamma：行情上涨或下跌时，获利或亏损皆不会加速放大；

中性 Vega：隐含波动率上升或下降对损益无影响；

中性 Theta：损益与时间价值无关。

第五章　买方与卖方案例分享：前事不忘，后事之师

历史总是不断重复，也不断被大家遗忘。继 2011 年 8 月的全球股灾，股指期权卖方被彻底击溃后，卖方又度过了四年的好时光，此时的卖方早就把风险抛之脑后，“赚钱就是王道”。2015 年 8 月冷不防的股市重挫，再度使得许多卖方高手又得卖祖产筹钱了。

唯有当裁判鸣哨的一刹那才能决定谁是赢家！买方可以赚钱，卖方也可以赚钱，只是关键时刻要站在对的那一边，这要如何研判呢？且听笔者一一道来，细说分明。

第一节　期权策略中买方与卖方的思维

策略基本又可以划分成买方策略与卖方策略两种，在了解了几种基本操作策略后，你是决定要成为一个期权买方交易者或是卖方交易者呢？

买方风险有限，但因为要先付出权利金，行情必须要往设想的方向发展才会有赚钱的可能，但胜率较低。而卖方风险无限，但因为先行收取权利金，行情不往不利的方向发展即可，纵使盘整也能够获利。因此双方各有优劣，交易者必须视市场状况以及个人的风险承受度来决定使用哪种策略。

买方因为胜率低，因此必须慎选出手点，那何时是最佳出手点呢？就是要等行情往某个方向发展时才进场，同时也必须在“动能”最强的

时候进场，因而信号的确认度较高。如图 5-1 所示，就 K 线来说，跳空、长红、长黑即是“动能”很强的情形。因此行情一般状况是涨的时候较慢，跌的时候较快，因此偏空操作有较快的获利机会。若是行情在整理时就进场，则恐怕就等不到行情发动那一天了。那逆势交易呢？这有如用人来挡汽车，其结果不言而喻。

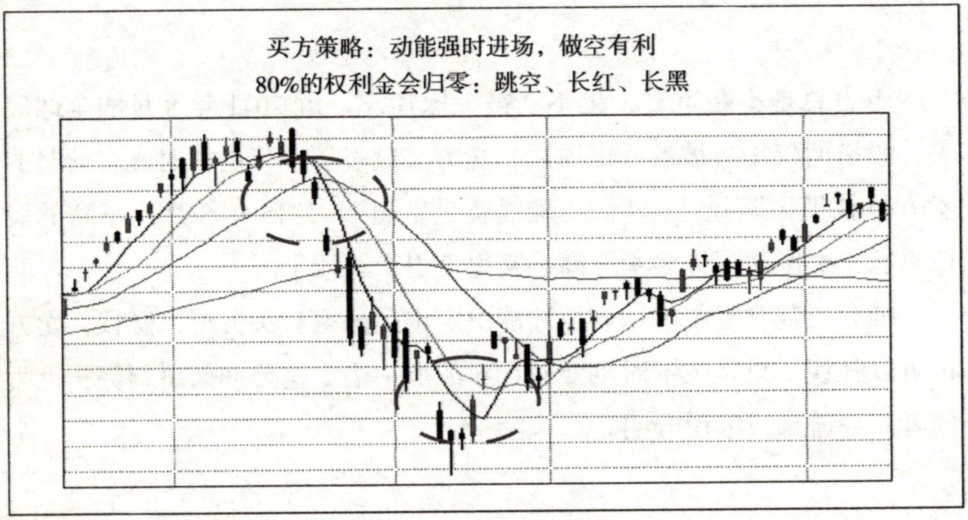

图 5-1

卖方的胜率较高，对于出手点则不用那么精准，重点在于风险控制及随盘势调整部位的功力。隐含波动率高时对卖方相对有利。

如图 5-2 所示，假设我们卖出 2000 行权价的看涨期权，收取 10 点的权利金，盈亏临界点将落在 2010，但若是隐含波动率上扬，将权利金的价格提高到 20 点，那盈亏临界点将会是在 2020 点，也就是结算时会产生亏损的价格由 2010 以上提高到 2020 以上。卖方获胜的机率将因此会提高。而当隐含波动率超越近期的历史波动率时，表示权利金有高估现象，适宜找机会做卖方策略。如图 5-3 所示。

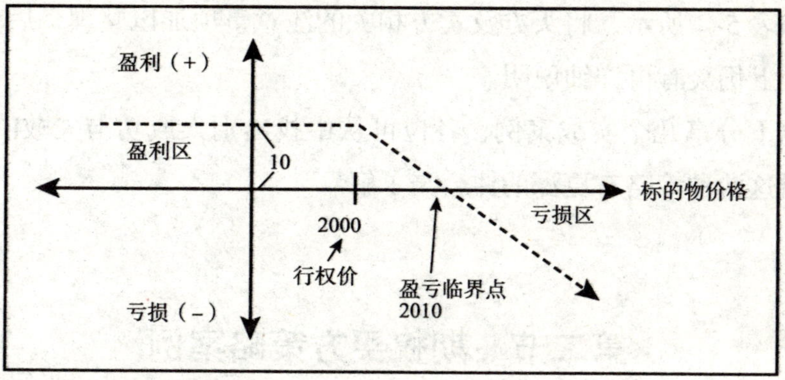

图 5–2

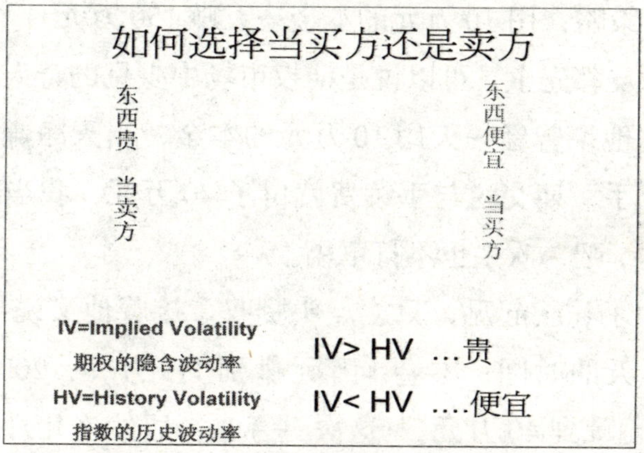

图 5–3

表 5–1　期权策略交战准则

买方注意事项	卖方注意事项
买方策略适合在预期短期内指数大幅波动时实行	大涨急跌后－指数正负乖离过大
履约价的选择需考虑流动性与波动性	不涨不跌时－趋势不明，区间盘整，上有锅盖下有铁板
买方风险有限，获利无限，但需注意时间价值的损耗	卖方风险无限→资金及风险控管为首要之务
如欲参与结算，选择行权价时应以预期结算价以下的价位为宜	第三周适合做卖方，因为时间价值消逝的快
	注意最大未平仓量，人多的地方较安全

如表 5-1 所示，将买方及卖方相关的注意事项加以整理，后续在实际操作上仍会有再详细说明。

以下分享几个实战案例，各位可从中找出别人成功与失败的原因，也能对这两种策略有更深的体会与了解。

第二节　期权买方策略案例

期权买方策略：用 10 万元的本金一天赚 150 万元。

我的好朋友郭先生，可以说是期权市场中少见的奇人之一。数年前初次见面时，他说曾经一天用 10 万元的本金，当天净赚 150 万元，期权成交了 1 万手，期交税与手续费就付了 40 万元，我当时心想，这人未免也太夸大了吧，吹牛也不打草稿。

不过，为了礼貌起见，只能点头赞叹。接着他又说："2005 年 4 月 15—22 日，6 天的时间，本金 1 万元赚到 119 万元，2008 年金融海啸期间用 3000 元赚到 40 万元。"这次更夸张，居然连几月几号都背出来给我听，让我对他的吹牛能力相当的景仰。

经过了一段时间在乡间的自我放逐，浪人般地生活后，他又重拾交易的热情并回到台北。因缘际会下，他成了我们公司的客户，也正因为如此，我对他的交易状况了解将不再是凭他的片面之词了，而是活生生、真枪实弹地呈现在我的眼前了。

经过几次战役后，我完全信服了，我可以确信他之前所说的都是真的，因为事实已摆在眼前。

如图 5-4 所示，他在 2011 年日本"3·11"大地震之前与期间的两笔交易，2 月 8—15 日短短 8 天期间，它用本金 3 万元赚到 320 万元，账户净值一度达到 500 万元。3 月 10—17 日地震发生期间，本金 10 万元赚到 220 万元，账户净值同样一度达到 500 万元。

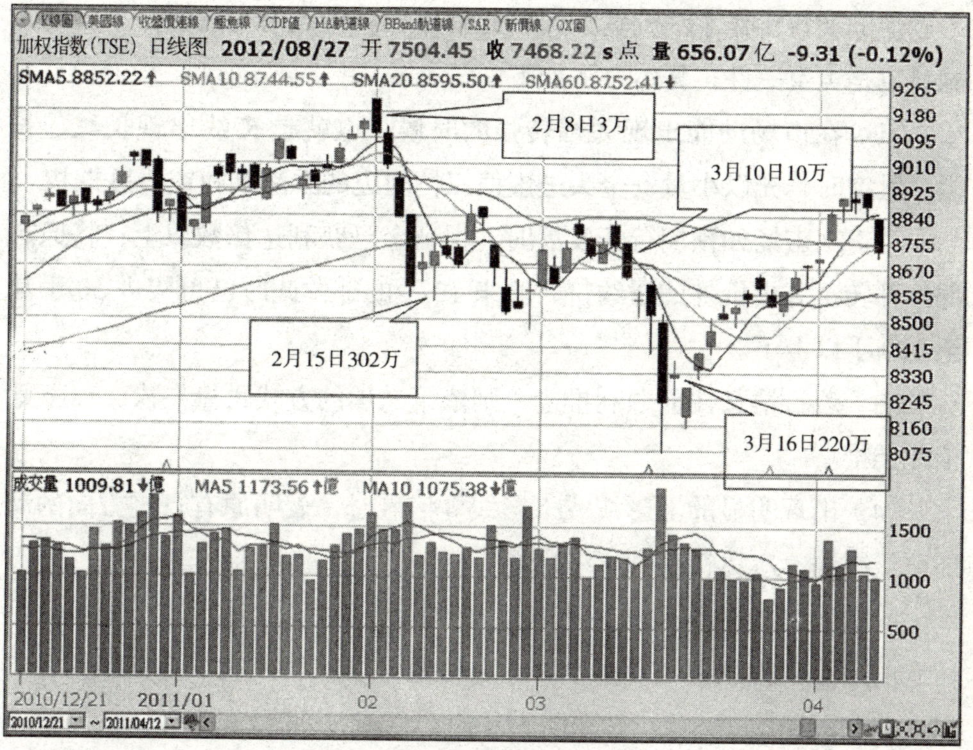

图 5–4

如图 5–5 所示，他在 2012 年农历年后台股一波从 7200 附近上涨至 8000 点的行情中，10 万元的本金又赚到 70 万元。

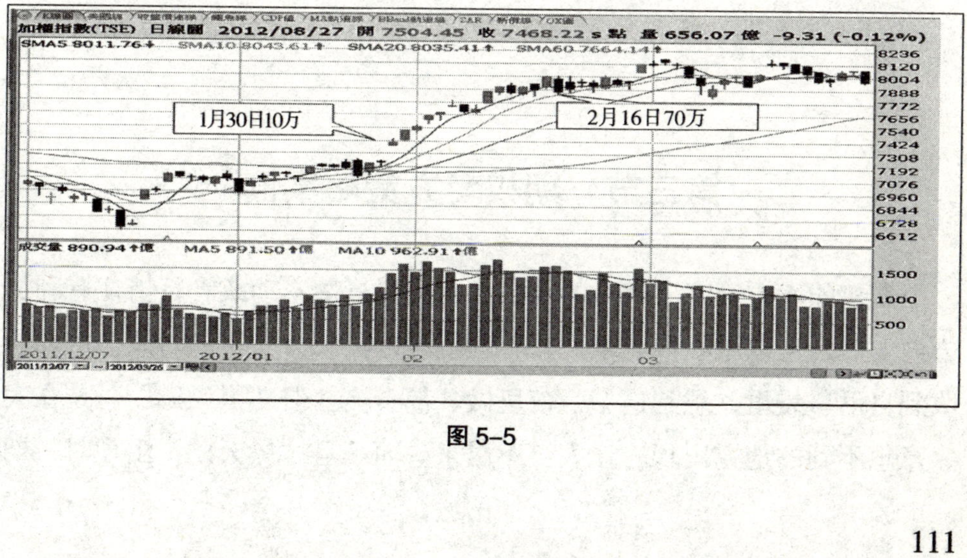

图 5–5

他的期权操作手法究竟如何？经其首肯，借此书与大家分享，助人赚钱也是美事一件，具体方法如下：

（1）在市场动能出现大幅转强的时候，也就是K线出现长红、长黑、跳空时，先以小量资金买进虚值三档附近的看涨期权或看跌期权。

（2）当市场如预期行情发展时，保证金已获利达倍数以上，将原有部位移转至高更价外的履约价，原来10手的部位此时已可买进50手甚至100手以上了。

（3）若行情又往前顺利推进，则依第二项的方式再做一次，以下则依此类推。

（4）出现明显的上影线或下影线等信号时，表明原有行进方向的动能已经减弱，应尽快获利了结出场。

我曾看到他的部位从原有很少的10手，一旦做对行情，短短几天留仓的口数就膨胀到800多手，这也是他可以从很少的本金，赚到百倍以上获利的秘诀。

启示：期权买方策略是以小搏大的策略，但因为期权有80%到期是归零的，可见买方的胜率仅有20%，如何在相对低的胜率下获利，唯有谨慎选择入场时机，也就是在动能转强的时候入场，每次观察郭先生大赚的入场点，都是符合这样的基本条件。

（注：本文的叙述经郭先生本人同意）

第三节　期权卖方策略案例

期权的卖方策略，俗称的当主力，只要行情不动或者行情往有利的方向发展，可以尽收权利金，睡着觉就可以把买方支付的时间价值通通收到自己口袋里，想到这个，夜里做梦都会笑。但“黑天鹅”总是在大家意想不到的地方出现，让人笑不出来。而一旦“黑天鹅”出现时，期权的卖方策略操作者往往面临一场重大的考验。

1. 卖方案例一：一名交易员最痛苦的一天

很久以前我是一家期货公司自营部的小主管兼交易员。可动用资金是1500万，可是一天就让我亏损了600万。几乎要去跳海了！

总经理听完我的亏损状况后差点儿从椅子上掉下来。之后的状况我想不用说大家也知道了。这件事我一直选择性地要去遗忘它，但这痛苦的一天让我想忘也忘不了，而为了让投资者对期权卖方策略有更深刻的认识，我决定还是要讲出来。

事情是这样的，数年前由于台股持续在6000点附近狭幅震荡，市场并没有鱼可抓，部门进入卯吃寅粮的干旱期。总经理曾经指示过，要求部门每个月帮公司赚钱（好像所有老板的要求都相当简单且英明睿智）。若是上述的情况持续下去，部门将面临被裁撤的下场。既然行情持续盘整，没鱼可抓，有虾也好，就先抓些小虾来交差吧！

于是以收取权利金的“期权卖方策略”成为部门的主要策略，大量卖出6300以上的看涨期权，也卖出5700以下的看跌期权，即使深度虚值的权利金仅剩10点也在卖出之列。整个到期损益如图5-6所示，也就是说，6300点上方的买权将有50万的收入，5700点下方的卖权也会有50万的收入，只要到期结算时，指数仍在5700 ~ 6300之间，100万就会落袋。只有指数突破6500以上，或是跌破5500以下，才会赔钱（注：到期前若行情有方向的波动，就采取Delta Neutral中性避险即可）。

部位建立后，我每日都祈祷行情一直盘整下去。可惜我的虔诚并未感动美国人，几日后美股出现重挫，台股遭受波及，除了方向上的亏损外，期权的隐含波动率更来到夸张的60%以上，也就是权利金会比平常增长将近3倍，这对卖方来说是个坏消息（除非子弹无限，可再加码卖出期权），根本没有办法避险。虽然价格还没跌到5500的到期损益两平点，原来卖出10点的看跌期权已经涨到200点，原本一手想赚

500 元（10 点 ×50 元），现在却要赔将近 10000 元（200×50 元），整体账面亏损已超过公司可以接受的范围，只能满身伤痕的逃离市场。

之后听到某人操作期权的卖方策略多么犀利时，我都会在心中默默地为他们祈祷，希望他们会有我一样好运，因为那次我的损失是公司帮我买单，如果是自己的钱，恐怕就要跟市场说再见了。

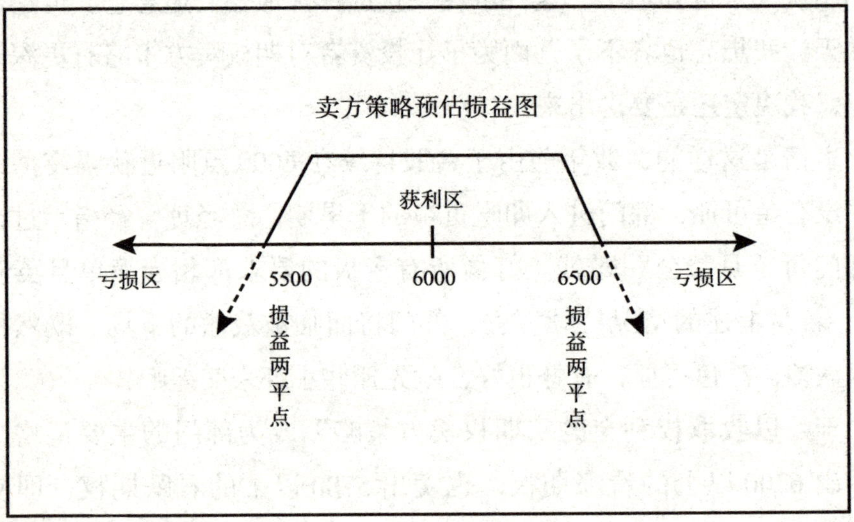

图 5–6

（注：Delta Neutral 中性避险：将部位调整到 Delta 为零的策略，也就是对市场多空看法中立，当下的部位不偏多也不偏空。后面章节有更详细介绍）

2. 卖方案例二：6 亿元的一堂课

2011 年 8 月发生一场血淋淋的惨案，以下是摘录自某财经杂志的报道，为免在伤口上洒盐，姑隐其名。

6 亿元的一堂课：股市老手杜先生，爆发台湾期货史上最大违约案，股市重挫，就连纵横股市 30 年的大户也认栽。8 月 5 日、8 日连续两天长阴，让 QQ 证券前总裁，也是股市名嘴杜先生及其关系人发生台湾期货史上最大违约案，这堂“6 亿元的一堂课”，投资者可从中学到什么？

试想，如果一条危险的小路连走7年，每次都平安度过，没有发生任何危险，会不会让你因此卸下防备？但悲剧往往就在卸下防备的那一刻发生。

资历丰富的老手，竟然也在这次股灾中灭顶。据悉，8月5日，指数一天狂泻464点，一天就已经重创杜先生，3亿本金赔光还不够，还要倒贴数千万。

但股市杀红了眼，也让“老杜”误判情势，当天他不仅没有止损平仓，还决定再加码5000万新部位；没想到下个交易日8月8日，又是一根300点的大阴线，杜先生因此大赔2.8亿元。如果加上原来本金约3亿，等于在这次股灾中赔尽5.8亿，两根长阴线，恐怕就此终结了他的投资生涯。根据了解，3天后的8月11日，已经确定有两家期货公司同时向主管机关提报违约纪录，分别是○○期货与××期货，金额分别是1.07亿与1.3亿。

3.“全压”心态，断送砍仓止损的最后机会

这次会让杜先生在两个交易日内，赔尽本金还不够，还要掏钱倒贴的投资工具，其实就是“台指期权”。台指期权是这几年在期货商与券商的积极造势下，成为台湾股市广受投资者青睐的工具。以这次杜先生的操作方式为例，其实就是卖一个看涨期权（Call），同时卖一个看跌期权（Put）的“卖出勒式交易”，这个方式，就是等于在赌，只要在一段时间内，大盘指数在卖出看涨期权和卖出看跌期权的指数区间内震荡，投资者就可以安稳赚取权利金。

但是，一旦指数突然大涨或大跌，跳出这个区间，如果没有立即平仓，或建立期货部位避险，投资者就会有数十倍甚至数百倍的亏损。

不但如此，杜先生为了赚取更多的权利金，还去交易远月份的期权，虽然时间价值较高，但却面临流动性不足的风险，以致事件发生后，连期货商都难以砍仓停损。因此，事后市场人士指称，当8月5日大盘大跌400多点之后，尽管已经重伤，但如果当天杜先生忍痛平仓离场，还不至发生重大违约。

但人性也在此刻面临最残酷的考验，赌桌上的输家，永远想要在最后一把“全压”的心态，让杜先生误判情势；他不仅未平仓，还加码新部位，才会于隔天再一次杀盘中，被狠狠地“请出”市场。

据熟悉杜先生操作模式的资深期货人士表示，最近7年来，即使在2008年的金融海啸时，老杜几乎都没有错过，手气很顺。每次的交易，至少都是小赚出场。但连走7年的险径没有出事，就能保证下一次也赢？还是因为连续7年的胜利，才让杜先生轻忽了风险的存在，因而种下这次惨赔的结果？答案恐怕只有他自己知道。

4. 启示

（1）聪明的你，应该已经发现卖方策略的问题所在。如果单纯做卖方，无法控制超额损失风险的话，国外叫裸露（Naked）的部位，这是相当严重的一件事，你能想象脱光光在大街上会是何种情形。卖方策略是当保险公司有无限责任，基本上有可能出现资产负债表外的负债，股票跌到零，顶多输光投资的金额，卖方策略遇到跳空或是大行情时，因为流动性的问题，有可能无法控制亏损，不止输光账上的钱，甚至还要赔付另一笔金额。因此，卖方操作策略最好效仿那些稳健经营的保险公司，设立除外条款，在某一条件下，不予理赔。

（2）精进与改进卖方策略：卖方策略操作者永远要有“IF”的概念，假如行情来到多少点时，你打算停损。如图5–7所示，如果你卖出行权价2000点的看跌期权，那行情跌到多少点时你要止损？OK，你说跌到1800时你认赔，那就在你进场时，同时买进行权价1800的看跌期权来当“保险”，这就是所谓的主动式避险。这样操作有个好处，除了可以控制风险外，还会有绝地逢生的机会，怎么说呢？行情跌破1800并再往下走时，你的亏损并不会再扩大；反之，若行情破低后，幸运的又往上走，有时可能会小赔出场，更好的情况是可以反败为胜。如果是单纯地当主力，早就被断头出场了。

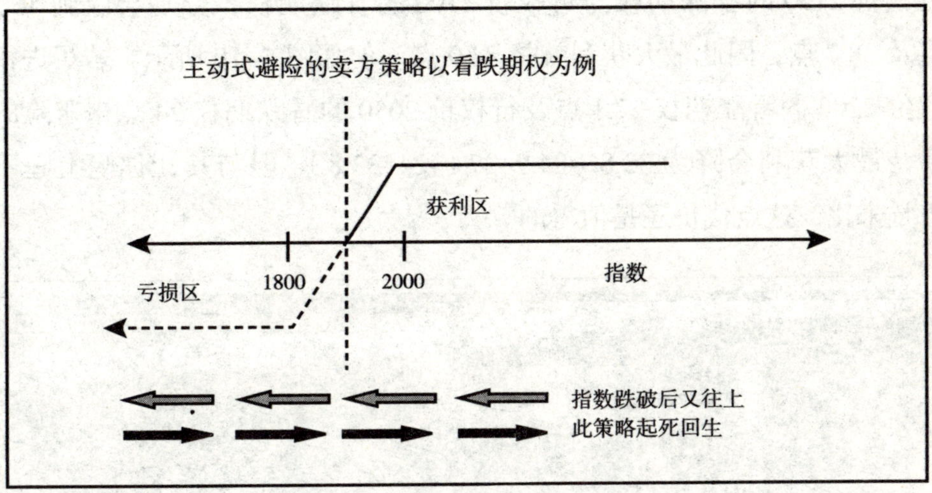

图 5-7

同理可证，看涨期权的卖方是必须在更高的行权价下"买保险"，以规避行情突然暴涨的风险。所以假设我们认为行情盘整，同时卖出看涨与看跌期权，在进行主动式避险后，损益图将如图 5-8 所示，已将亏损无限扩大的风险规避了。

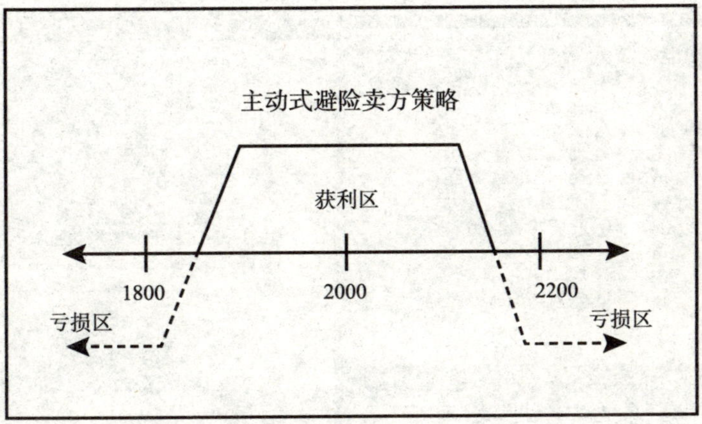

图 5-8

当然，“买保险”是要付出代价的。如图 5–9 所示，我们同时卖出行权价 2150 的看涨期权与行权价 2100 的看跌期权，分别会收到 46.2 点及 38.7 点，因此最大获利就是 84.9 点。但如图 5–10 所示，若买进行权价 2200 的看涨期权 27.1 点及行权价 2050 的看跌期权 24 点来避险的话，最大获利会降为 33.8（84.9–27.1–24=33.8）。但与其让你晚上睡不着觉来比，这点代价还是值得的。

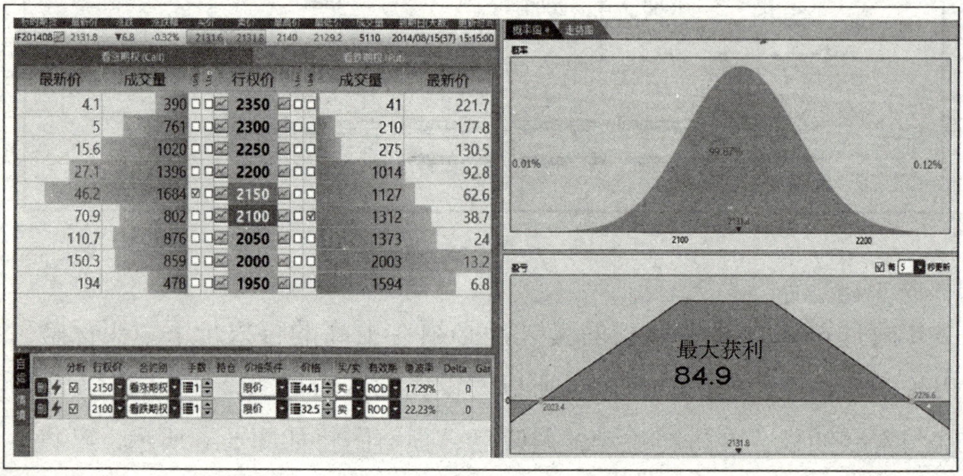

图 5–9

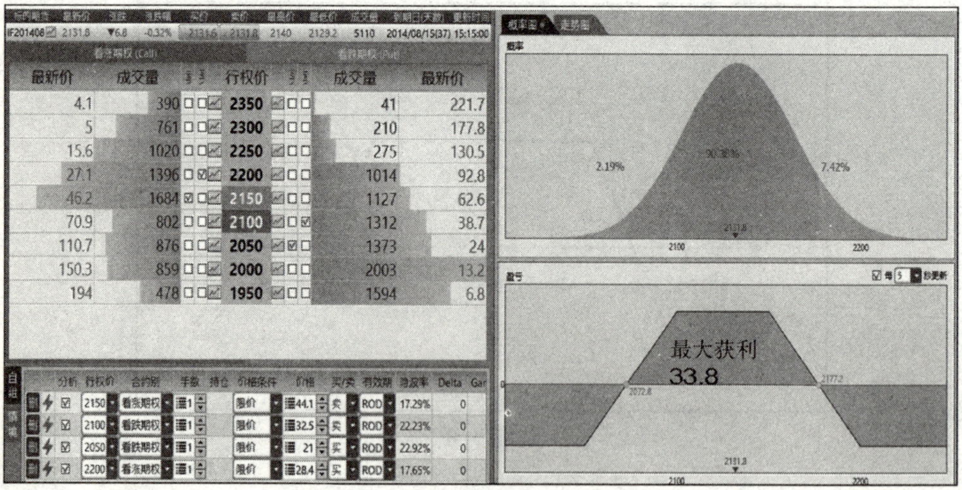

图 5–10

第六章　交易实务：化理论为行动

对于行情方向的分析指标或是工具可说是不胜枚举，光指标就可举出上百种，因此本章节仅针对期权市场常用或是特有的指标来说明。另外本章节也就实务上的交易细节做一介绍，让理论与实务得到相互的验证。

俗话说，新手看价，老手看量，高手看筹码。所以技术分析不会脱离价、量、筹码这三大类指标。以下我们即依此顺序来一一介绍。

第一节　布林通道（布林线 Bollinger）——涵盖顺势交易以及加码的好用技术指标

布林线指针（又称布林通道 Bollinger）是由价格所衍生出来的指针。

利用统计学中的平均数与标准差，推估求得股价未来一段时间最有可能波动的区间。该指针在图形上画出三条线，其中上下两条线可以分别看成是股价的支撑和压力，而在两条线之间还有一条股价平均线。

计算 95%频数分布范围的前提条件是样本观察值服从于正态分布，但由于收盘价的波动不一定满足正态分布的条件，比如取样天数越长（或越短），越容易呈偏态分布，所以布林指标的参数一般取 20（天）较为合适。若按照 95%频数分布范围的含义，收盘价超过布林在上轨线（或下轨线）可视为极端情况（统计学称为极大值、极小值），之后有向中轨靠近的要求（统计学称为向均数回归），也就是交易上谓之乖离过大、预期回档。

系统自设的布林线指标平均数一般设为 20 天，标准差则设为 1 倍。有些软件可以设定上下各有两条压力与支撑线，那么标准差可设定为 1 倍与 2 倍。除非价格剧烈波动，一般情况股价会运行在上档压力线和下档支撑线所形成的通道中。

图 6–1 为台湾期货市场中的台指期走势，当中的上方曲线为压力区，中间曲线为平均线以及下方曲线为支撑区。

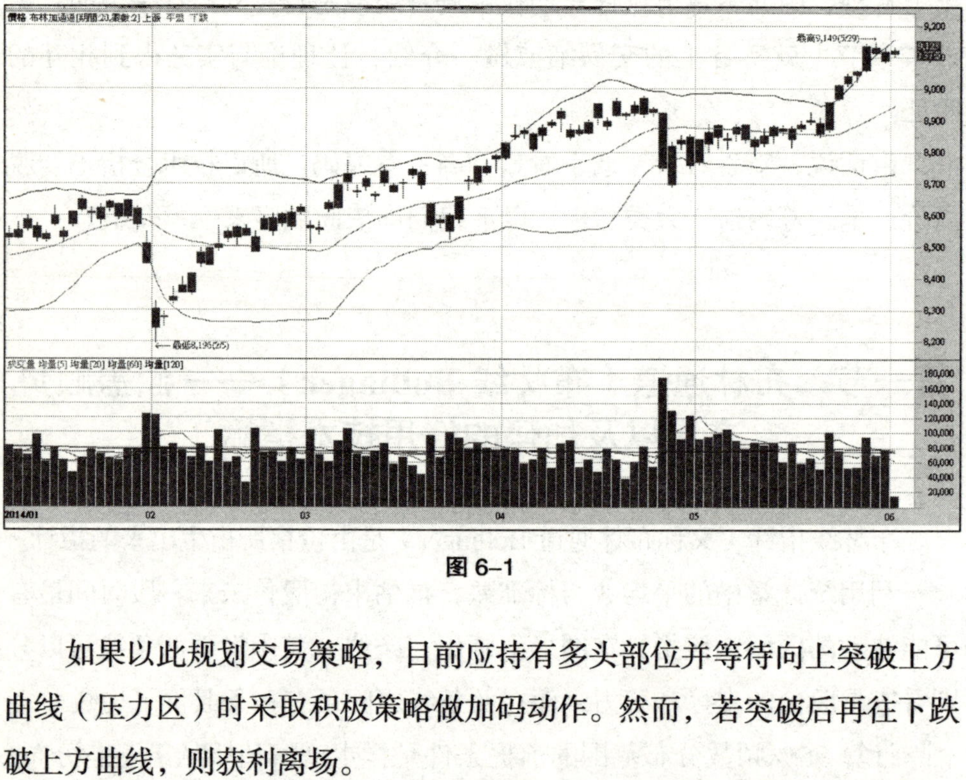

图 6–1

如果以此规划交易策略，目前应持有多头部位并等待向上突破上方曲线（压力区）时采取积极策略做加码动作。然而，若突破后再往下跌破上方曲线，则获利离场。

利用布林线进行交易规划，既可显示支撑、压力位置，显示超买、超卖区域，进而指示运行趋势。不仅如此，布林通道还能有效规避主力惯用的技术陷阱来诱多或诱空，交易策略的完整度高于 KDJ、RSI，甚至 MACD 等技术指标，尤其适用于波段操作。

让我们来更加深入地了解一下这么好用的交易指针。

布林通道是由上、中、下三条线组成一个信道区域，其中上、下线位于通道的最外面，分别是该股价趋势的压力线（Up 线）与支撑线（Down 线）；中间那条，即为价格的平均线。

一般来说，80%（甚至更多）的时候价格总是在由上、下轨道组成的带状区间中运行，且随价格的变化而自动调整轨道的位置，因为随着股价变动，所算出的平均数与标准差也会因此而改变，也因为总是在区间内做移动，因此在规划交易策略的时候我们比较不会出现超出预期的状况发生。

布林线与 RSI 等技术指标类似，皆是根据价格所处位置来预测走势的方向和强弱。当价格线位于布林线中轨（平均线）之上，代表股价呈现多头走势，处于布林线中轨之下，代表股价呈现空头走势。布林通道的两极为上轨和下轨，表示极强位置和极弱位置。

布林通道的初级使用方式：

均线之上持有多头部位，当价格穿越压力线时，即逢高卖出。反之，均线之下持有空头部位，当价格穿越支撑线时，即空头回补。

一、布林线最主要的运用原则

（1）价格由下向上穿越平均线时，则可能出现多头趋势，是买入的信号。

（2）价格在平均线与压力线之间波动时，为持续的多头趋势，多单续抱甚至加码。

（3）价格在平均线与压力线之间运行，而后由上往下跌破平均线，为卖出信号。

（4）价格在平均线与支撑线之间波动时，为持续的空头趋势，空单续抱甚至加码。

不只是对行情判断和部位控管做规划，布林线指标甚至有着对行情的预测作用。举例来说，像 KD、MACD 等指标可以通过低位向上交叉来作为买入信号或通过高位向下交叉来作为卖出信号。但这些价格上的指针都有一个缺点，即容易在股价盘整的时候产生骗线，带给交易者损失。

在行情盘整的过程中，交易者最想知道的一定是行情要盘整到什么时候才会产生行情。若太早进场，而行情却又迟迟不动，资金的利用率（效率性）就会降低。而布林线指标则恰恰可以在这时发挥其神奇的作用，对盘整的结束给予较高成功率的提示，使交易者避免太早进场而承担上述风险。

二、股价即将突破盘整

如何观察布林通道对盘整的结束给予正确的提示？我们会观察布林线指标的开口（由压力线与支撑线构成的开口）的大小观察，开口逐渐变小的股票就要多加留意了。布林线指标开口逐渐变小代表股价的涨跌幅度逐渐变小，多空力量趋于一致，代表行情在极度收敛后转变为发散的可能性很高，股价将会选择方向突破，而且开口越小，股价突破的力度就越大（图 6–2）。

而开口大小的标准，可引入极限宽指标（WIDTH），即表示布林线指标开口大小的指标。

WIDTH 的计算方式：WIDTH=（布林上限值 – 布林下限值）/ 布林股价平均值。

以沪深 300 指数为例，观察 WIDTH 小于 6 的状况，从中挑选随时有可能发生突破的机会。需要特别注意的是，WIDTH 的临界点会随标的物价格不同而改变，所以最好观察该股一年来的极限宽指标走势以确定极限宽指标值的临界点。

假如你已挑选到布林线指标开口较小的标的后，先别急于买进，切记上面所提及，布林通道只告诉我们盘整行情即将结束，并没有告诉我们股价突破的方向。

如图 6–2 所示，沪深 300 指数在极限宽指标处于低档后往上，代表行情将有大波动产生，指数并突破了布林格曲线的上端压力线，而这正好启动了 2014 年 7 月 22 日之后的大涨行情。

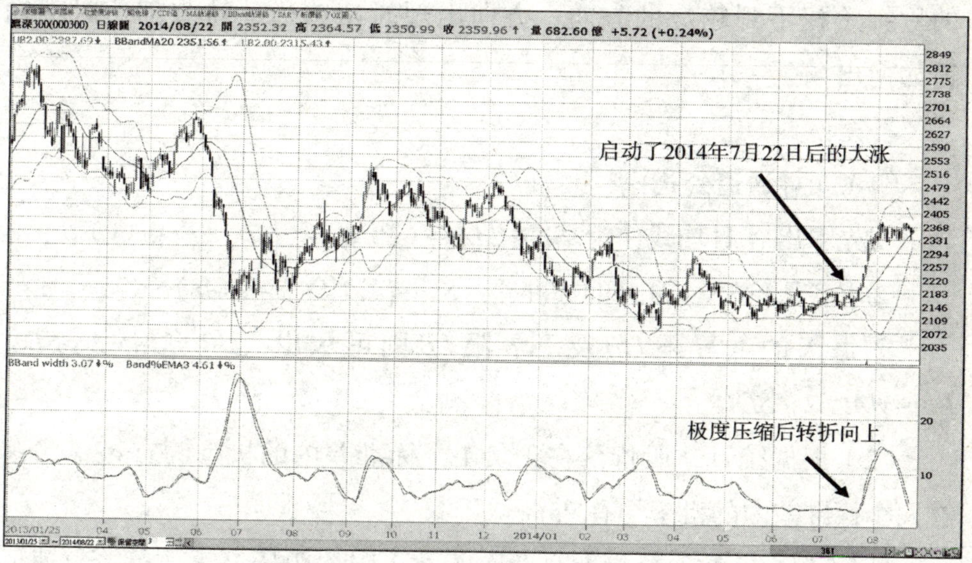

图 6–2

三、向上突破的格局条件

（1）在K线图上，对多方而言，行情最好站在年线（240日）、半年线（120日）、季线（60日）、月线（20日）和周线（5日均）之上，如果持有时间较短，则至少在季线之上。空方则是在这些均线之下。

（2）对多方而言，要看当前行情所处的位置，如果处于周线与月线的低档区，则后市大涨机会很大。若在高位横盘或上升和下降途中横盘则要加倍小心。对空方而言，自然要选择周线与月线的高位区。

四、判断短线的方向，以及即将滞涨（或止跌）

在上涨行情的过程中，如果走势是单边上扬的格局，投资者往往难以发现滞涨的先兆。在单边上涨走势中，布林通道的压力线一直上扬，但是当布林通道的支撑线开始收敛时，则可以认为行情可能会滞涨。同理可推，止跌观察方式则可由压力线反推。但投资者仍需切记，滞涨不代表股价一定会下跌，同样的，短线滞涨后，不代表整理完毕后不会继续涨。行情每天都在变化，过去的走势并不代表未来的走势，但如果我们能善用布林指标，则可避免许多不必要的亏损（找不到趋势的方向、方向出现时站错边、持有部位时不知道如何出场……）。

补充：

（1）布林通道公式：

①先求出 N 日均线作为基准：$MAt=(Pt+Pt-1+\cdots+Pt-n+1)/n$；

②求各天价格对 MAt 的标准差：$SDt=[\Sigma(Pt-i-MAt)^{\frac{2}{n}}]^{\frac{1}{2}}$；

③每天的上界限 UB 及下界限 LB 则可求出：$UBt=MAt+2\times SDt$，$LBt=MAt-2\times SDt$。

（2）根据统计，股价落在正负 1 个标准差内的机率约有 68%，落在两个标准差内的机率约有 95%。

范例（图 6–3）：台指期在两次的上下限差距压缩后，行情急速反转向下，我们同时可看出上下限差距也同时放大。行情多头时，通常上涨速度较慢，此现象较不明显，但在空头时则清楚可见，投资者可依此现象来做交易策略的规划。

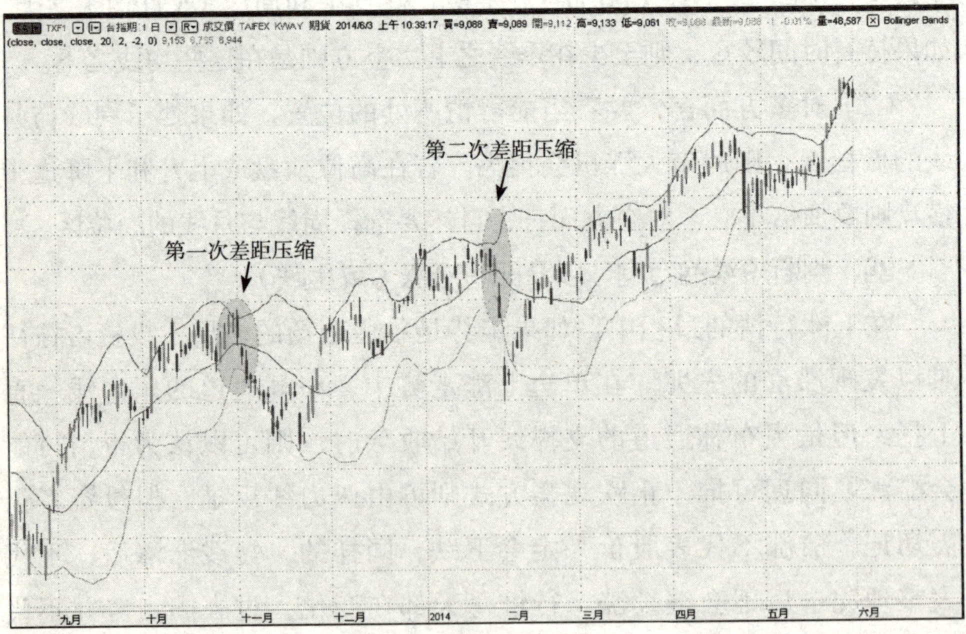

图 6–3

第二节　隐含波动率（IV）

波动率是由价格的变化所计算出来的，是期权市场相当重要的指标，用以避免追高杀低的状况，同时对于持有部位获利了结或是止损离场的价位判断有着相当的帮助。而隐含波动率则是指市场预期未来加权指数现货的波动幅度估计值，代表市场对后市的看法。

简单地说，隐含波动率是透过 Call 和 Put 成交的价格反推出交易者对指数未来的预期，以百分比的方式表示出：

隐含波动率越高→交易者预期未来指数波动幅度越大→期权价格越高

隐含波动率越低→交易者预期未来指数波动幅度越小→期权价格越低

看涨期权隐含波动率＞看跌期权隐含波度率→表示做多力道大于做空

看涨期权隐含波动率＜看跌期权隐含波动率→表示做空力道大于做多

预期会出现大波段（趋势行情），波动率偏低，之后波动有放大现象，未平仓量处于高水位，预期会出现进入横向（盘整行情）。此时波动率维持在中高水位，且未平仓量不高。

VIX——恐慌指数

（1）VIX 指数（芝加哥选择权交易所波动率指数、Chicago Board Options Exchange Volatility Index），用以反映标准普尔 500 指数期货的波动程度，预估 30 天内的价格波动程度。通常用来评估未来风险，因此“波动率指数”也有人称作“恐慌指数”。

（2）表示方式：VIX 指数是以年化百分比表示，并且以常态分布的机率出现。举例来说，假设 VIX 指数为 15，表示预期的年波动率为 15%，因此接下来 30 天预期的波动率的标准差为 4.33%，也就是标准普尔 500 指数 30 天后波动在正负 4.33%以内的机率是 68%（常态分布 Normal Distribution 正负一个标准差所涵盖的机率 68%，正负两个标准差的机率是 95%)。换句话说，30 天后，有 68% 的可能性标准普尔 500 最多涨跌 4.33% 以内（图 6–4）。

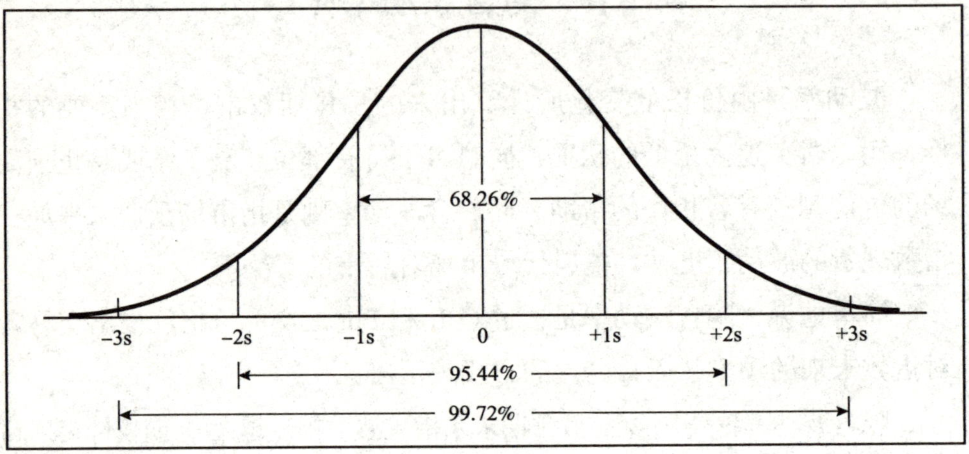

图 6–4

通常我们以 VIX 指数超过 40 时代表市场对未来的非理性恐慌，此时波动率上升，短期间内行情振幅较大，投资者对持有部位信心不足纷纷出逃。相对的，当 VIX 指数低于 15，表示市场处于平静的状态，多头持有者愿意花更长的时间持有部位。举例来说，1998 年的金融风暴时，VIX 指数也未曾超过 60，所以我们必须知道 VIX 指数不一定能准确预测走向，但是多少反映当时市场的气氛，实务交易中我们可以搭配 VIX 来做期权策略规划，当预测有较大行情即将发生时做买进勒式的期权策略。

（3）结论：无论是期权的隐含波动率或是股指期货的 VIX 指数，都是透过价格来计算波动浮度，俗话说："当市场开始恐慌的时候，你要先恐慌。当市场极度恐慌的时候，你就没什么先恐慌。"而市场行情往上时，整体的波动率有下滑的现象，这也是用来检验行情强弱的指标之一。

补充资料：VIX 指数（2014 年 5 月 13 日至 2014 年 6 月 10 日）

表 6-1　VIX 指数

日期（年 / 月 / 日）	指数	涨跌比例	日期（年 / 月 / 日）	指数	涨跌比例
2014/06/10	10.99	−1.43%	2014/05/27	11.51	1.32%
2014/06/09	11.15	3.91%	2014/05/23	11.36	−5.57%
2014/06/06	10.73	−8.13%	2014/05/22	12.03	1.01%
2014/06/05	11.68	−3.31%	2014/05/21	11.91	−8.10%
2014/06/04	12.08	1.77%	2014/05/20	12.96	4.35%
2014/06/03	11.87	2.50%	2014/05/19	12.42	−0.16%
2014/06/02	11.58	1.58%	2014/05/16	12.44	−5.54%
2014/05/30	11.40	−1.47%	2014/05/15	13.17	8.22%
2014/05/29	11.57	−0.94%	2014/05/14	12.17	0.33%
2014/05/28	11.68	1.48%	2014/05/13	12.13	−0.82%

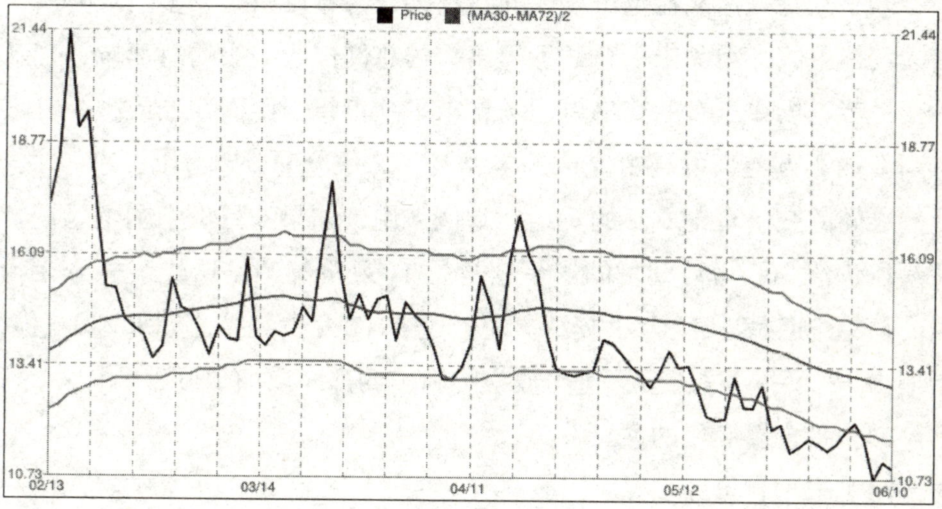

图 6-5

如图 6–5 所示，2014 年 2 月以来的标准普尔指数不断地创新高，因此 VIX 到 2014 年 6 月 10 日以来 10.99 的低点，显示当市场行情向上时，市场风险的忧虑降低，造成整体的波动率有下滑的现象。

第三节　筹码面分析——每日盘后重要信息整理

从期权每日交易的盘后数据中，我们可以观察一些重要的指标。

（1）未平仓量（Open Interest，简称 OI）。

未平仓量为市场的动能指标，如未平仓量越大，代表近日行情波动可能较为剧烈。

（2）未平仓看跌期权 / 看涨期权之比率（Put / Call Ratio）。

为当日市场多空气氛指标，可看出目前市场留仓心态偏多或是偏空。

一、未平仓量分析

1. 什么是未平仓量

未平仓量是指某特定市场或商品在某交易日结束时，多空双方所持有的契约手数，因此未平仓量等于多头的总部位或空头的总部位，当新的交易者进场或原有的交易者出场，未平仓量将因此而增加或减少。唯有当新的买方与新的卖方完成一笔交易，未平仓量才会增加。换言之，他们之间的交易将构成新的契约。举例来说，如果 5 月份中国金融期货交易所沪深 300 指数期货的未平仓量是 11 万手契约，这代表多方在当天交易结束时持有 11 万手契约，空方也有 11 万手契约，如果未平仓量增加为 12 万手，这代表买进与放空的新契约都净增加 1 万手。

2. 未平仓量变化的意义

（1）未平仓量的多寡。

未平仓量越大代表多空行情越趋白热化，通常在价格相对高低点时后发生，看涨与看跌的部位累积到最后面，通常会产生较大的行情，因为期货与选择权等衍生商品都会有到期日，在到期日前后未平仓量就有显著的意义。

（2）未平仓量的持有者。

未平仓量的持有者若主要是法人机构，则往往代表他们对标的物的未来走势看法，当然也有不少机构法人是把期货当成避险工具。举例来说，美国商品期货交易委员会（CFTC）所公布的大额持仓者报告中，依照旧式分为商业性（Commercial）或称避险部位与非商业性（Non-Commercial）或称投机部位来做区分，而新式的报告更将之分为四种类别：

① Dealer / Intermediary（中间商／经纪商）。被归类为市场的卖方，他们设计并且贩卖各种金融商品给客户或发行于市场；借由期货合约来降低手中部位的风险，如大型投资银行与证券经纪商。

② Asset Manager / Institutional（资产管理人 / 资产管理机构）。这一类的市场参与者为机构投资者，包括退休基金、养老基金、保险公司、共同基金，以及客户为法人机构的基金经理人。

③ Leveraged Funds（杠杆式基金）。以避险基金与各类型基金经理人为代表，如有登记的 CTA（商品交易投资顾问）、CPO（期货基金经理人）与未登记但经 CFTC 认可的私募基金。

④ Other Reportables（其他）。需申报但不属于上面三项的交易者。

（3）未平仓量的影响。

未平仓量越大代表市场累积较多的燃料，行情的波动就会放大。而随着到期日的逼近，手中持有亏损部位的一方将因此被轧空或是杀多，因此我们会特别观察整体未平仓量的变化。

如图 6–6 台湾加权股价指数期货与未平仓量示意图所示，图中上半部为期货价格走势，下半部则是市场中“前十大交易者”的未平仓净部位（净多单扣除净空单的差值）变化：

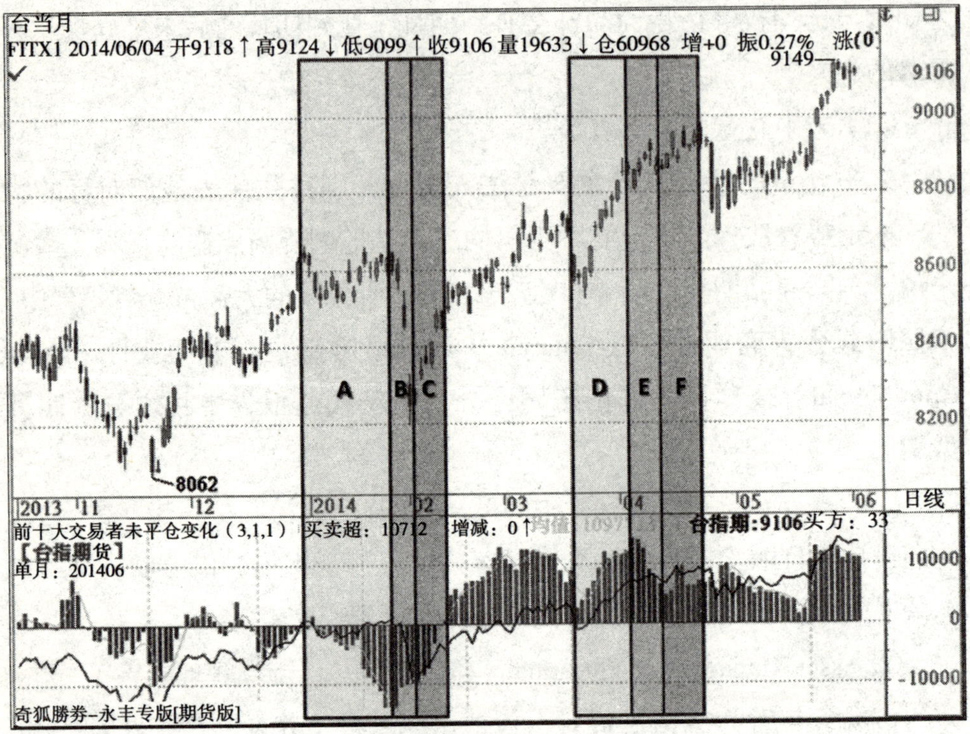

图 6–6

① ABC 区块。在 A 区块的过程中我们发现未平仓量一直在增加净空单，当累积足够量能后在 B 区块开始下杀，期货下跌的过程中未平仓净空单开始回补而减少，因此最后期货价格在 C 区块产生反弹。

② DEF 区块。在 D 区块的过程中未平仓量净多单持续增加，当累积到一定的多单后，价格在 E 区块开始第一波拉抬，未平仓净多单缓步减少，最后期货价格继续轧空，未平仓缓步增加，价格在相对高的 F 区块结算。

（4）期权未平仓量的分布状况。对期权未平仓而言是以站在卖方的角度来思考，因此最大未平仓行权价的位置通常是主要支撑位与压力位的地方，在这里集结了大多数的部位来收取时间价值，如图 6–7 所示。

从图中可以看出，看涨期权最大未平仓部位在 2200 行权价共有 495489 手未平仓，因此可知指数在 2200 构成上方压力。看跌期权最大未平仓部位在 2100 行权价共有 27381 手未平仓，因此可知指数在 2100 构成下方支撑。

看涨期权 (Call)						看跌期权 (Put)
昨持仓量	卖	买	行权价	买	卖	昨持仓量
2937			1950			6540
19650			2000			19643
16466			2050			16933
39735			2100			支撑区 27381
26054			2150			16631
压力区 49594			2200			17069
25360			2250			7438
24275			2300			7720

图 6–7

不过，最大未平仓的部位也非坚不可摧，一旦被突破将会有大量回补的买盘，因此行情波动将会扩大，对买方而言有机会赚取倍数获利，只可惜发生机率不高，可利用机率法尝试。

二、未平仓看跌期权 / 看涨期权比（Put / Call Ratio）

计算方式为：所有 Put 未平仓量 / 所有 Call 未平仓量。

Put/Call Ratio 越大，则市场上涨机会较大，因为 Put 的未平仓口数＞ Call 的未平仓口数，代表一般投资者普遍看空，依据反市场的心理理论，后市反而将会上涨。

Put/Call Ratio ＞1 指数偏多。

Put/Call Ratio ＜1 指数偏空。

原理如下：

1. 以卖方的角度思考

因为卖方所需资金较大，因此一般来说是特定大户居多，而这些人的看法往往是对的。假设 Put 未平仓量变高，代表大资金部位的投资者愿意建构更多 Sell Put 的部位，而 Sell Put 基本上就是看多后市。

虽然这指标非领先指标，但我们可以从 Put/Call Ratio 的变化看出目前市场行情的多空端倪。反之，Call 也可以这样做解读。

2. P/C Ratio 的时间价值

期权的操作者都知道期权的买方有时间价值消耗的问题，除非行情出现大幅度的波动，不然买方的时间价值将随着到期日临近而消逝，不容易赚取到理想的利润。反过来说，由于时间价值不站在买方这一边，因此买方在操作心态上会比较以短线进出赚取价差为主，卖方则因为具有时间价值的优势，且卖方的获利也是来自权利金的时间价值消耗的累积，所以卖方会习惯性的留仓，以赚取更多的时间价值。

因此，从卖方的角度来判读 Put/Call Ratio 未平仓的多空结构，会比较接近市场的脉动。

單位：口

日期（年/月/日）	卖权成交量	买权成交量	买卖权成交量比率%	卖权未平仓量	买权未平仓量	买卖权未平仓量比率%
2012/12/24	137932	131344	105.02	387500	395193	98.05
2012/12/25	265672	295483	89.91	423398	404512	104.67
2012/12/26	200290	226917	88.27	460679	443253	103.93
2012/12/27	187089	193910	96.48	407126	404528	100.64
2012/12/28	189808	240306	78.99	437029	428629	101.96
2013/1/2	290359	337288	86.09	509226	458693	111.02
2013/1/3	217186	230576	94.19	496286	438640	113.14
2013/1/4	190378	208615	91.26	521635	471319	110.68
2013/1/7	236414	241817	97.77	534316	498823	107.12
2013/1/8	272432	270009	100.90	545103	532492	102.37
2013/1/9	295605	302190	97.82	584149	566059	103.20
2013/1/10	332008	388390	85.48	565647	503962	112.24
2013/1/11	222002	264158	84.04	583131	520637	112.00
2013/1/14	324644	373946	86.82	603773	536732	112.49
2013/1/15	309405	342178	90.42	612369	573271	106.82
2013/1/16	351874	325285	108.17	640562	625522	102.40
2013/1/17	358260	348762	102.72	319067	334650	95.34
2013/1/18	239871	236514	101.42	361032	367434	98.26
2013/1/21	209642	203218	103.16	389705	393921	98.93
2013/1/22	255838	263333	97.15	426207	406700	104.80

图 6–8

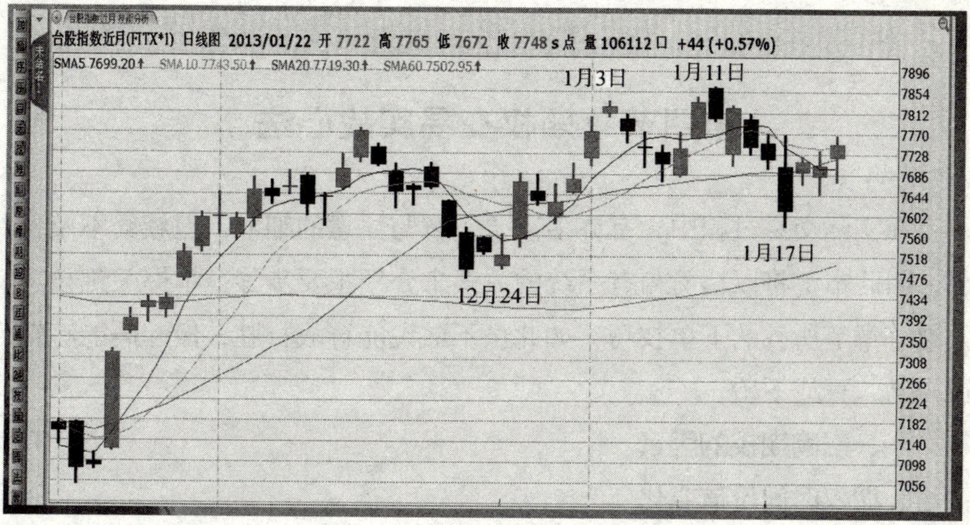

图 6–9

由图 6–8 及图 6–9 的对照来看，12 月 24 日行情转折向上，P/C Ratio 也是从 0.98 上扬到 1.04，1 月 3 日指数从高点回档，P/C Ratio 也是从 1.13 降为 1.1，1 月 11 日及 1 月 17 日的行情也是依此类推。因此从 Put/Call Ratio 反转的几个时点来看，Put/Call Ratio 推翻原本运动方向，反转向上，也就是市场气氛改变的时候，通常也是趋势即将反转向下的信号；反之 Put/Call Ratio 推翻原本运动方向，反转向下时，通常也是趋势即将反转向上的信号。

Put/Call Ratio 的变化并非以价格为组合因素，因此有时市场刚出现转向，Put/Call Ratio 还会出现几天盘整、不认输，但只要开始变化，通常现货走势会更加凶猛。

对于 Put/Call Ratio 以及市场特性能够善加掌握者，可以作为确认指数走势的工具，以扩大获利。

第四节 期权交易实战心法

在实际交易过程中，有许多需要了解与注意的细节，但族繁不及备载，因此本节将以精简与有系统的方式来介绍主要步骤，掌握关键技巧并熟练章节所教的下单技巧，如此虽不敢说能百战百胜，但起码能够知彼知己，百战不殆。

一、影响期权的因素

1. 期权时间价值变化

期权价值超过其行权价值的部分，称为时间价值。当看涨期权的标的物价低于行权价或是看跌期权的标的物价高于行权价，它就只有时间价值而无内含价值，距离到期日的时间越近，它的时间价值也就越低。

所谓的时间价值是指在到期日前的风险补偿（Risk–Premium），因为距结算日愈远，会产生行情影响变化的因素越多，卖方自然会希望能收取更多的风险贴水。因此，如图 6–10 在距结算日的剩余时间多空与时间价值的变化关系图所示，从图中我们可以发现时间价值主要有三个阶段的变化，我们在不同期间要用不同的交易策略来因应。

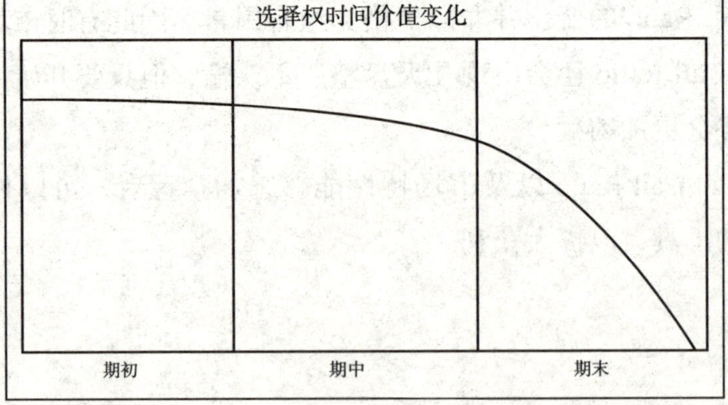

图 6–10

关键重点：对时间价值的基本认知要站在卖方角度思考。

2. 期权价值组成

从行权价的序列由低到高来看，左边看涨期权价值是行权价越高则价值越低，右边看跌期权则是行权价越高则价值越高（图 6–11）。

假设目前标的物价格在 2150 平值，而且结算价也在这里，如图 6–11 所示。

第 1 区块是看涨期权随时间接近到期日会消失的时间价值。

第 2 区块是看跌期权值随时间接近到期日消失的时间价值。

第 3 区块为看涨期权目前内含值。

第 4 区块为看跌期权目前内含值。

由此可知，平值期权的时间价值是期权价格中比例最大的。

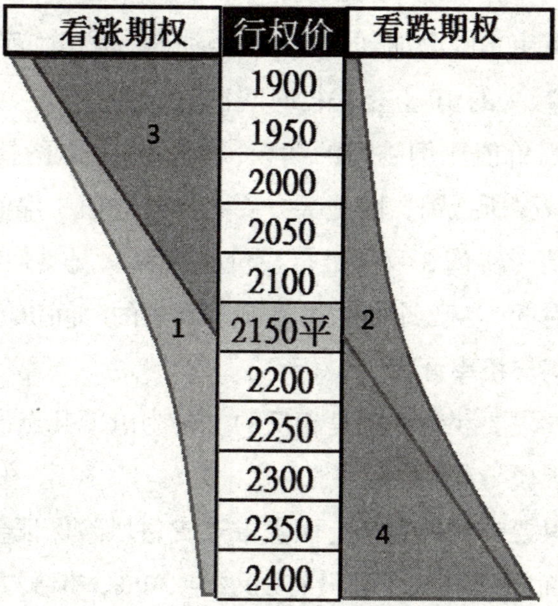

图 6–11

3. 期权时间价值与内含值

我们要如何分析每一个行权价的价值组成与随着标的物价格变化下它的价值组成？如图 6–12 所示，假设实值看涨期权的标的物价格是上涨 50 点的情况，若该实值看涨期权的 Delta=0.8，则该价内看涨期权的价格应该要增加 40 点（130 变成 170），而此有内含价值的看涨期权期，内含值增加部分来自于两个部分变化。图 6–12 是实值看涨期权的时间价值与内含价值比例变化图。

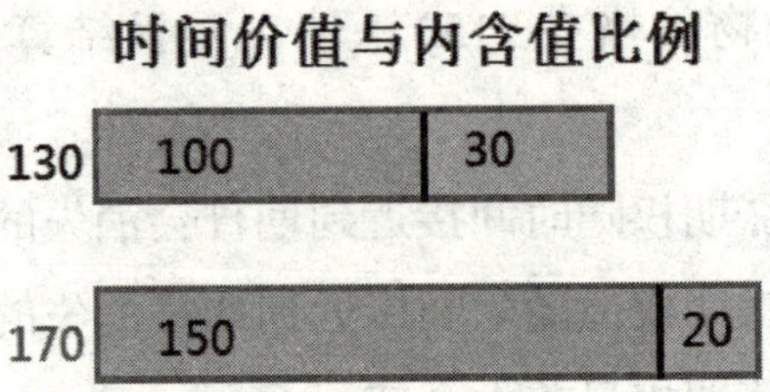

图 6–12

（1）时间价值减少（因为到期时间变短，而到期前行情变化可能性降低）。

（2）内含值由 100 增加到 150，净增加 50 点。时间价值由 30 点减为 20 点，其中减少的 10 点是来自时间价值的减少。

结论是时间价值比例越高的期权，当价格上涨的情况下，大部分都被时间价值减少所抵销，因此买方要买深度虚值（虚值 3 ～ 4 个行权价）或深度实值（实值 3 ～ 4 个行权价，盈亏状况类似期货操作），而卖方要做平值附近 1 ～ 2 个行权价来赚取高额的时间价值。

4. 期权利润与机率计算

期权买卖方主要获利基础是相反的，分为以下几点说明：

（1）资金规模与获利比。

期权买方只要支付权利金，而卖方要支付风险保证金，因此卖方资金需求较大，而能赚取的获利只有 10% ～ 30%，但买方的资金需求相对极低，而获利通常都是倍数计算。

（2）获利机率与口数规模。

期权买方只有权利而没有履约义务，属于风险有限而获利无限，这句话几乎是老生常谈了，但是，如果将获利的机率考虑进去就会发现预期报酬其实是与卖方差不多（图 6–13）。

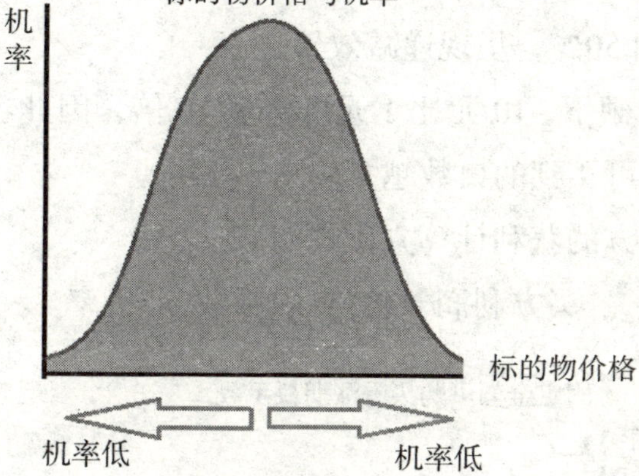

图 6–13

（3）执行策略灵活度与资金效果。

假设资金使用是固定的情况下，期权买方加减部位的变化较为灵活，而卖方受限于所需资金规模较大，加减码的应用较不方便，举例来说，当指数位置 2500 时候买进 1 手实值行权价 2400 的看涨期权 110 点，指数产生回跌到 2450 时后，2400 行权价的看涨期权变成 55 点，若仍是维持看多的情况下，可以用相同资金再买入 2 手，此时均价在 73.33 点，一旦指数回到 2473 便损益两平，倘若用卖方策略，要再加码摊平所需资金将是原先 2 倍，而且风险仍然无法衡量。

5. 期权手数与价格效果对获利的影响

在此之前我们都未对资金做规划，许多投资者在期权实际交易中都未将价格与手数的关系计算进去，其实，资金控制大大影响交易的绩效。简单来说，看对行情也要有足够的资金去撑到行情发动，即使最终往我们所希望的方向发展，倘若资金风险撑不过去更遑论获利与报酬率。

这里要说的是简单的数学概念：

（1）首先 100 变 50 是输 50%。

（2）若要 50 再变回 100 则是要涨 1 倍。

（3）因此价格 50 的选择权价格增加 50 变 100 是增加 1 倍，再增加 50 变 150 是增加 50%，呈现递减效果。

（4）固定金额下，10 元比 1 元可买多 10 倍，因此在固定投入资金比例下，越低价可买到的口数越多（图 6–14）。

（5）整体买方的获利计算方程式如下：

买方利润 = 价格 × 手数 × 机率

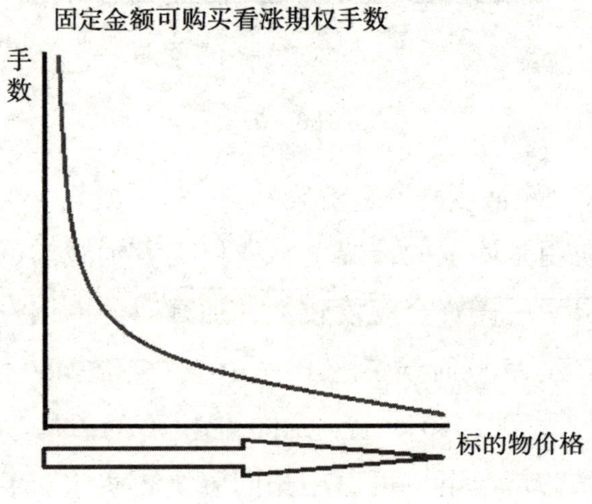

图 6–14

二、前中后期实战心得

相信到这里大家已经知道影响期权价格的因素，接着本章节将实际前中后三期交易方式与技巧做详细说明。

1. 了解你的标的物

这里以中国金融期货交易所的商品沪深 300 指数现货为标的物所衍生的期权为范例，首先要认知标的物的特性，依照沪深 300 指数现货的行情来看，月的高开低收与振幅如表 6–2 所示：

表 6–2　沪深 300 指数现货行情

日　期（年 / 月）	OPEN	HIGH	LOW	CLOSE	开收价差（绝对值）	高低价差
2010/01	3198.23	3198.31	3116.44	3152.71	45.52	81.87
2010/02	3290.01	3330.38	3287.56	3324.42	34.41	42.82
2010/03	3349.88	3392.48	3349.88	3391.94	42.06	42.6
2010/04	3005.49	3056.08	2994.92	3019.45	13.96	61.16
2010/05	2755.28	2782.29	2710.59	2744.16	11.12	71.7
2010/06	2557.92	2574.1	2524.57	2526.07	31.85	49.53
…	…	…	…	…	…	…
…	…	…	…	…	…	…
…	…	…	…	…	…	…
2013/10	2373.962	2395.005	2365.146	2384.96	10.998	29.859
2013/11	2423.969	2464.863	2397.007	2418.788	5.181	67.856
2013/12	2323.433	2325.991	2310.653	2321.978	1.455	15.338
2014/01	2187.343	2212.498	2177.117	2212.483	25.14	35.381
2014/02	2173.907	2194.224	2167.91	2190.37	16.463	26.314
2014/03	2143.717	2170.095	2141.151	2163.115	19.398	28.944
2014/04	2152.59	2161.703	2131.232	2156.47	3.88	30.471

如表 6–3 所示，我们发现：

表 6–3　现货值比

沪深 300 指数现货	开收价差	高低价差
最大值	82.59	92.60
最小值	0.39	15.34
平均值	24.86	46.67

因此，沪深 300 指数结算后，隔日新仓开盘价上下 100 点之间的行权价都是有机率来到的区间。

2. 时间区间

依照沪深 300 指数期权按时间分隔为前中后期，如图 6–15 所示。

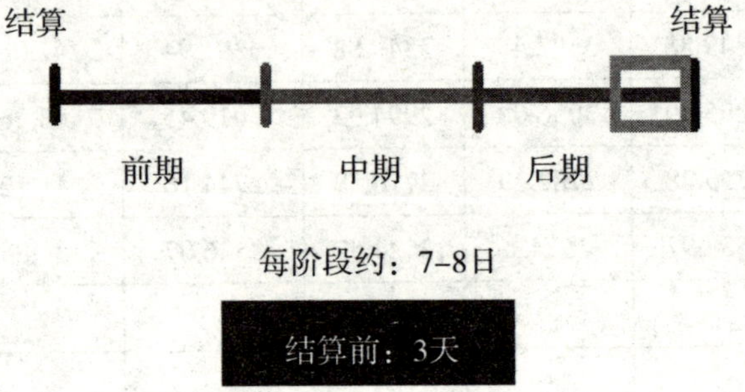

图 6–15

图中依照结算至下一期结算之间分为三期，每个阶段约略为 7—8 日，而另外将到期前 3 天为结算前规划，因此我们将分三个阶段来做应对。

（1）前期策略。

因为是前期，趋势与方向尚不明朗，故采取：

①买方为主，买实值的行权价。②卖方则为辅，卖出平值的行权价。③观察行情变化机率（若前 2 个月无行情，则未来出现行情机率变大）。④注意成交量突然变大的行权价合约。

此处提到成交量突然变大的行权价合约要特别注意，因为可能市场上已经有人先获得某些消息，便开始布局进场买入，我们虽不能得知消息吃到肥肉，但总可以跟着喝点儿汤吧。

（2）中期策略

布局已接近完成阶段，行情即将发动，可以判断未来可能方向，故采取：

①卖方为主，随行情调整部位，行情区间偏价外一个行权价。②买

方则为辅，买进更虚值的行权价做避险。③若本月该有大行情而尚未出现，此时便是买方最好押宝点。④押宝资料行情：美国非农就业（每月第一周五）、汇丰中国制造业指数 PMI 等。

此时最容易产生白热化多空激战，已完成量能累积就静待引燃导火的炸弹引爆大行情。

（3）后期策略

①结算前将期权卖方已获利部分实现平仓获利（权利金约剩 10%～15%的原始卖出价值即可回补）。②买方可利用行情大小与方向判断押宝结算行情。③注意未平仓量最大的行权价合约（本书 OI 分析有提到未平仓）。

三、期货多空与期权

1. 期货与期权

期权是期货的衍生商品，一般情况下两者相关性极高，但期货与期权在面对不同的行情时，应对的策略也有所不同。如表 6–4 所示，即为期货与期权在面对不同行情时操作的方法策略上的比较。

表 6–4　操作的方法策略

行　情	期　货	期　权
上涨 ▲	多单	买进看涨
盘整 ■	反向	卖出看涨 / 看跌
下跌 ▼	空单	买进看跌

从表中我们可以发现，无论行情涨跌，期货与期权都有方法可以应对，但是面对盘整行情的情境时，期货就显得相对无力，而期权在面对盘整行情的时候，更显出操作自由度高与变化大。

2. 期货策略避险与实做

期货风险无限与选择权卖方一样，一般用虚值期权来规避期货风险，但其缺点是“避险成本高且避险效果不完全”。

举例来说，在 2100 点买入 1 手期货，但是因为怕行情大跌所以买进 2000 行权价的看跌期权，如果行情小跌，但并未跌破 2000 则造成期货与期权两边损失而未达到避险效果。

因此我们不妨换个角度思考，若当期货出现买进信号，若我们直接买进实值 1900 或 2000 行权价的看涨期权，之后会是如何？分析后发现买进实值期权的优点有：

第一点，其内含值大于 90%以上，时间价值的耗损极低。

第二点，与期货连动性接近 90%，越实值效果越高。

3. 期货策略避险转换期权策略比较表

以下是某段期间的测试状况，台湾期货交易所加权指数期货信号策略，改用台指期权来做交易，也就是说，若期货策略出现多或空信号，则改买入与期货价格差距两个行权价的实值 Call 或 Put（台指期权间距 100 点），举例来说，如果期货信号 8000 点做多，则买入 7800 点行权价看涨期权，若 8000 点做空，则买入 8200 看跌期权。

另外，从契约上来看，台湾证券交易所股价指数期货契约规格最小升降单位是指数 1 点（相当于新台币 200 元），而台湾证券交易所股价指数期权契约规格是指数 1 点（相当于新台币 50 元），因此，若期货做 1 手，则期权要做 4 手的合约才会达到相同的指数跳动一点，获利金额一致（若以沪深 300 指数期货与期权为例，比例应 1 手期货对 3 手期权）。

如表 6–5 所示，从中我们可以发现几个重点比较：

（1）净利：改用期权后净利部分减少至 $2100000 较原先期货 $3271000 的减少幅度为 36%。

（2）胜率：从原先 64.29%胜率减少至 51.52%，减幅为 20%。

（3）最大获利交易：减幅约为 1%。

（4）最大损失交易：由原先 –$133000 减少至 –$55880，减少幅度高达58%。

（5）最大获利回吐：最大权益数由 –$180200 减少至 –$86900，下降幅度高达52%。

表 6–5　期权比较

期权比较	原始期货交易状况	改用价内期权状况	差异比较
总获利	$4204200	$2901180	–31%
总亏损	–$933200	–$801180	–14%
（1）净利	$3271000	$2100000	–36%
获利交易次数	90	68	–24%
亏损交易次数	50	53	6%
交易次数	140	140	–6%
（2）胜率	64.29%	51.52%	–20%
（3）最大获利交易	$193600	$192300	–1%
（4）最大亏损交易	–$133000	–$55880	–58%
交易平均损益	$23364	$15909	–32%
盈亏比	2.50	2.82	13%
获利交易平均损益	$46713	$42664	–9%
亏损交易平均损益	–$18664	–$15117	–19%
最大连续获利笔数	9	7	–22%
最大连续亏损笔数	4	11	175%
（5）最大获利回测	–$180200	–$86900	–52%

最大获利回测在程序交易里的意义是指账户中的投资金额，在历史回测绩效的过程中，获利曾经减少过最大的幅度。

我们不禁好奇问道：用这36%获利的损失到底能换到什么好处？

（1）风险的降低：换到最大损失与最大获利回吐的减少，这将使资金风险控制上得到明确的控制，而买方的损失是有限的，因此在帮助我们加减码的交易策略上也是极有帮助。

（2）策略的应用：因为有期权的部位搭配在不同的期货策略之间互相搭配，会得到策略变化的多样性。

（3）资金的加码（本节“五、资金筹码使用策略”中部分会提到）。

4. 适用此法的策略类型

（1）策略周期偏向中长线交易者。

（2）策略方向配置明确，建议实值买方。

（3）衍生策略的变换则是当已有期权未平仓部位且期货出现新的反向信号，可以直接买卖期货并将先前期权买方变成新仓期货的避险部位。

四、实盘交易的变化应用

这里主要来探讨实盘交易中所会面临的出手情况以及交易策略方式，因为计划赶不上变化，我们在盘中通常会遇到许多突发状况，虽然有可能是机会亦有可能是陷阱，要如何趋吉避凶也考验着我们平日对突发状况的临机应变能力。

1. 突发事件与消息面的最佳出手方式

所谓突发事件与消息面因素，都指向一个方向，也就是“行情波动变化大”，身处其中的投资者该如何应变呢？

首先以目前手中并无未平仓部位的投资者来做分析：

（1）对于事件判断的想法与行情走势一致，且目前市场行情还未完全反映所有情况，适合操作买方赚取行情倍数获利，因此立即追进部位买入，一旦发现消息错误立即止损（例如，利多大涨）。

（2）觉得事件判断与市场目前走势相悖或是目前市场行情已完全反映所有情况，因此立即进场收取膨胀的隐含波动率，并持续观察标的物走势，善设止损等待市场差不多调整完毕时再进行分批离场（例如，利多不涨）。

（3）突发事件与消息面皆非常态，但都会伴随超额报酬，平日在资金规划里面应该要保有一部分专门投资此种机会的闲置资金。

2. 市场关键价位

技术分析的做法中常常有对于形态、关卡、趋势线等判断，一旦发生关键价位发生突破或是跌破可以先进买方部位，当然这可能是失败的突破或跌破。而喜好卖方操作的投资朋友可以设立确立点进行反向卖出收取膨胀的隐含波动率，但卖方需要买进避险单，若判断发现突破（跌破）后的拉回（反弹）力道变弱，甚至有机会再创新高（新低），则可趁此机会建立 2 ~ 3 倍的避险单，若行情真的有再续创新高（新低），则避险单获利更多，反倒成为主要获利来源。

3. 预算标的物价格有助于平仓在相对有利位置

此法适合不贪心想要稳定获利的投资者，对于手上部位要挂多少价格才能卖到自己设定的相对好价？

如图 6-16 所示，由 Delta 变化可知至少价格会到多少。

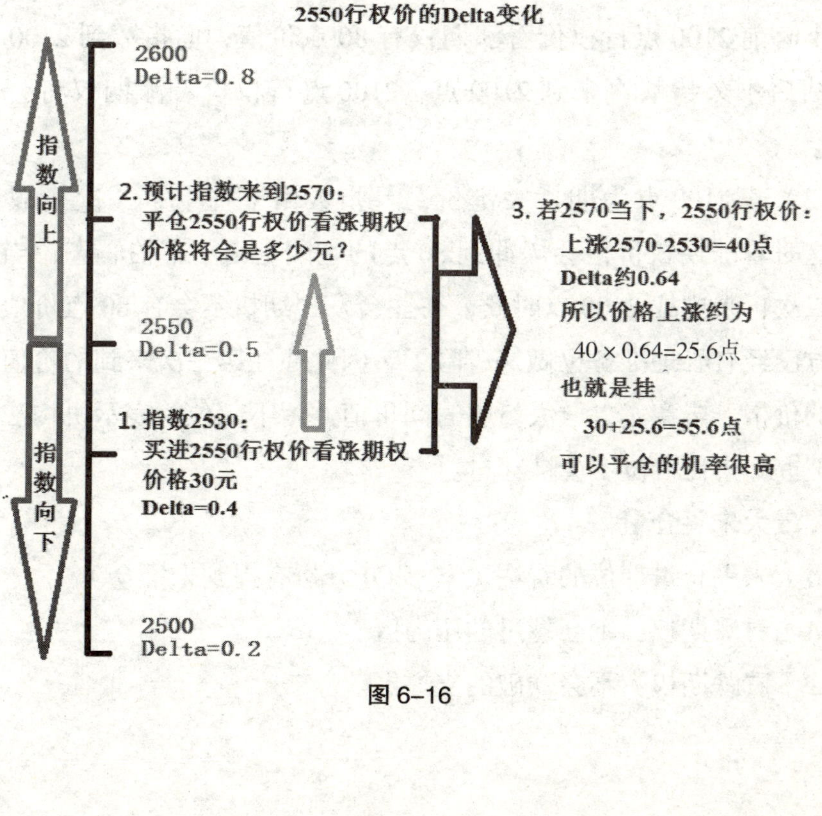

图 6-16

4. 时间细节

对买方而言同样的标的物价位，第一次来到的价格要比第二次好。主要原因有二，如图 6–17 所示。

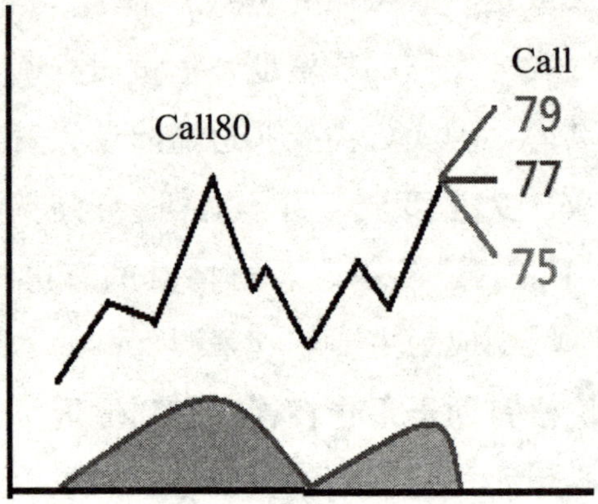

图 6–17

（1）时间价值减少，特别是在结算前，因为时间所剩不多，即便是一小时前 2100 点行权价看涨期权有 80 点价值，而指数到 2100 点产生回档后不久指数再来到 2100 点，2100 点行权价看涨期权将会低于 80 点。

（2）若 2100 点为期货关键价，且指数由下往上第一次挑战 2100 点，这时看涨期权价格会爆冲到 80 点的主因是由于害怕心态，当回档后第二次再来挑战 2100 点时候，往往会发现期权不会有 80 点价值，因为卖方已经有心理准备也做好避险了，因此往往第一次来到的价值会是最好的价格，毕竟卖方敢大量收时间价值并留下部位，表示机构法人有相当把握守得住价位不会被穿过。

5. 最大未平仓量

最大未平仓量部位的看法（本书 OI 分析有提到未平仓）。

（1）看涨期权：不会越过的压力区。

（2）看跌期权：不会跌破的支撑区。

反之，若是一旦受到不可抗力因素而穿越此区，或是突发性的，则有可能造成卖方恐慌性的回补，也是买方投机的机会，通常我们会在最大未平仓部位的下一个档次行权价做买方来赚取投机财，尤其搭配机率分配的赌徒理论，可以有机会赚取超额利润。

6. 结算日风险与报酬

（1）买方策略优势：距离结算日到期的前 2 ~ 3 天，与平值上下相距一个档次的行权价，其价格会变得相对于平日便宜许多。也因为价格相对便宜，因此对买方来说以同样金额投入，可买到的手数大幅增加，也就是说同样金额买了 10 倍的手数，如此一来获利点数仅需平日行情幅度的 1/10，便可以获得与平日相同的报酬，若行情意料之外的波动，则因手数 10 倍效果加乘下，等同于平常 10 倍以上的获利效果。

（2）买方策略劣势：当日结算，没有机会等待反转行情，**判断错误也没有机会离场，因为已经没有行权价值（内含值），若是硬要平仓更要多赔手续费**。再者，即使有行情的可能性出现，卖方也有可能故意硬撑一日等结算后再发动行情，对于小市场或是原物料等市场特别容易被控制。

（3）卖方策略优势：大型机构法人都会对行情分析，最大未平仓部位如同有守门员帮我们把关，胜算很高。

（4）卖方策略劣势：结算日前有重大消息或是国际行情波动变大，往往有可能将辛苦收取一个月的价值回吐，甚至产生毁灭性的损失，因此结算日前三天，**可以说只要将剩余价值不高的行权价部位获利了结，以排除后续行情大幅波动的风险，尤其是平值附近的行权价合约，其 Gamma 值仍然很高，实在不必为了多赚那几点而冒过大的风险**。

7. 以小搏大式策略

所谓以小搏大是指买方花一点权利金，在碰到可能发生行情震荡的时机点做出手买进，若真有行情则可能获取倍数报酬。时机点的选择需把握以下几点：

（1）结算日附近，前段（六）结算日风险与报酬所述已明确说明买方策略的优劣势，因此不再赘述。

（2）有重大数据，重大国际数据都有固定公布日期，如美国的非农就业数据、ISM 制造业指数或国内中国汇丰 PMI 指数、主要经济国的 GDP 等等，都是会影响行情波动产生较大的变化，也相当适合以小搏大式策略。

（3）前几月无行情，正如罗贯中在《三国志》中开场所说："天下分久必合，合久必分。"行情也是如此，当量能累积到一个爆发的临界点后，都会要有宣泄的管道，因此从统计学机率的角度来看，平均每 13 个月美股就会有近千点的下跌，而现今全球化的影响下，不管是蝴蝶效应还是黑天鹅事件，都会对全球股市造成影响。若一个经济运作正常的国家，其市场已有一段时日没有大幅波动，而原因并非市场外力因素所导致，那么这个市场用不了多久必将产生波动，也是以小搏大式策略的机会。

五、资金筹码使用策略

1. 无固定买卖模式的买方倍数投资理论

前提假设：利用行情盘久必动，动久必盘的概念，当行情出现长久盘整时开始交易。

（1）固定每次投入单一份数金额（固定手数做法不易控制资金）。

（2）采取报酬率倍数法则，即每次都要赚取 100% 报酬率出场。

（3）一旦赚取后便重新计算份数并等待长久盘整的时机。

表 6–6　1 倍获利加码投资法所需手数

累计连续损失次数	1	2	3	4	5	6	7	8	9	10
累计损失总投入份数	1	3	9	27	81	243	729	2187	6561	19683
下次加码份数	2	6	18	54	162	486	1458	4374	13122	39366

如表 6-6 所示，从倍率增加我们不难看出不用等到行情发动，累计加码的资金需求已将我们资金耗尽，**因此我们需要一套有效判断期货买卖的程序，再来做此种资金配置法将会大幅提高胜率。**

2. 有固定买卖模式的买方倍数投资理论

前提假设：利用程序交易的净值曲线配合使用资金加码投资法。

（1）固定每次投入单一份数金额（固定手数做法不易控制资金）。

（2）采取净值曲线加减码模式或是交易连续损失次数。

（3）一旦赚取后便重新计算份数并等待下次讯好时机。

操作净值曲线，程序交易报告中的净值曲线是每笔交易获利以及损失的累计，因此依据曲线的起落走势，也可当成新的加减码参考依据，以下我们举一个例子：如何利用操作净值曲线来加码。

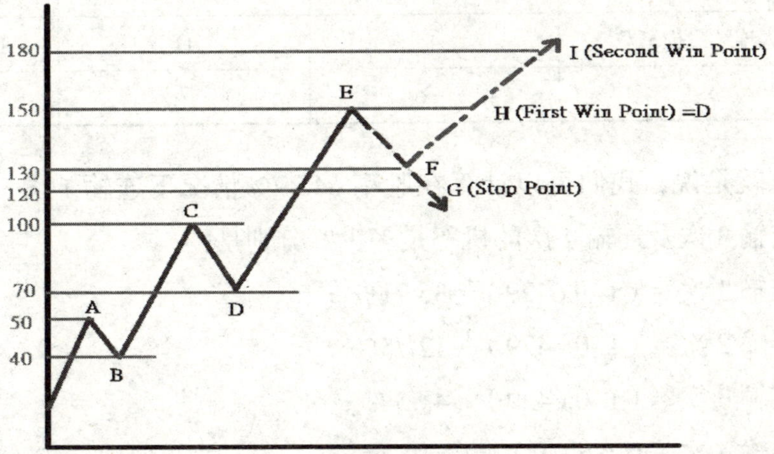

图 6-18

所谓获利回辙，也就是如图 6-18 所示 A 点到 B 点、C 点到 D 点以及即将发生的 E 点到 F 点或 G 点，而以往最大的获利回辙为 C 点到 D 点的距离。因此可以设定：若是 E 点回辙获利达到 F 点，即进入加码模式，而止损设定在 G 点（E 点减去历史最大获利回辙），而额外加码单可以设定在 H 点或是更高的 I 点。

当原始程序化交易的获利回吐未达G点，则维持1倍获利加码投资法的投入，一旦发现原始程序净值获利线跌至G点以下，则加码部位先行止损出场。

操作损失次数，从统计中发现期货信号连输情况如表6–7所示：

（1）最大连续亏损笔数4次。

（2）胜率64.29%。

表6–7 期货信号

期权比较	原始期货交易状况	改用价内期权状况	差异比较
…	…	…	…
胜率	64.29%	51.52%	–20%
…	…	…	…
最大连续亏损笔数	4	11	175%
…	…	…	…

也就是说，我们可以计算在胜率64.29%情况下连输1次、连输2次、连输3次及连输4次的机率是多少？分别是：

连输1次＝$(1-0.6429)^1$=35.71%；

连输2次＝$(1-0.6429)^2$=12.75%；

连输3次＝$(1-0.6429)^3$=4.55%；

连输4次$(1-0.6429)^4$=1.63%。

因此我们发现，连输4次的机率极小，可以用比例式金额做加码，一样要设定加码上限条件，也是希望通过机率概念来增加胜率。

六、期权实战交易心法总结

总而言之，期权跟期货都是“零和游戏”，大部分买方的优点就是卖方的缺点，在将自己的交易风险承受度与资金规模考虑后，自然能找到适合自己现阶段的投资定位。方法是死的，而市场与其中参与者是活的，只要谨记以下几点，无论做买方还是卖方都能得心应手。

（1）卖方：胜率 70%～80%，大钱赚小钱。

“不怕一万，只怕万一”（突发风险一次损失可观）。

避险单为必要，哪怕是花点儿小钱也不要风险完全暴露，只要出现大行情，严守停损，决不犹豫。

（2）买方：胜率 10%～20%，小钱搏大钱。

“不怕万一，只怕一万”（任意出手累计损失可观）。

忍耐等机会，一旦发生要勇敢进场，错过了这次机会还要等待许久，重点在创造倍数利润。

第五节　交易风险与下单技巧

所有交易都有风险，这里主要讨论实际交易时较常碰到的几个问题，从准备下单到最后获利或亏损出场的过程来做近一步分析。

一、交易风险

情境：当我们对未来看涨，要买进 2500 的看涨期权。

1. 委托单的错误

（1）商品选错。

误将看涨期权输入成看跌期权，以当时价格挂委托，结果是：

①欲买实值看涨期权，输入成看跌期权。等同以大幅高于当时虚值看跌期权价格委托买进，若委托单量大，将造成原始委托所需保证金的几乎 90%的损失。

②平值看涨期权，输入成看跌期权。等同以高或低于当时平值看跌期权价格委托买进，若较高则形同市价委托，若量大则该价位以下价格全部成交，其余以委托单形式挂单委托，将造成原始委托所需保证金的近 30%～70%的损失；若较低则形同限价委托，若立即发现并取消则

不会造成损失。

③虚值看涨期权，输入成看跌期权。等同以低于当时实值看跌期权价格委托买进，无损失。

（2）买卖倒置。

误将买进看涨期权输入成卖出看涨期权，结果是立即变更部位有价差损失，且深度虚值或实值的流动性很可能不足。

（3）委托单类型错误。

误将看涨期权限价单输入成市价单，保证金需求计算如下：

以当下价格计算乘以委托数量，若委托单量大但市场吸纳量小，将造成毁灭性的超额损失。

图 6–19 所示为 2011 年台湾某次所发生的真实案例，某位投资者因为错误下单，将期权价格由 3.4 点拉高到涨停价 630 点，之后又瞬间跌回到 3.5 点，结果造成具大的损失。

2011年1月21日台指权8100Put事件

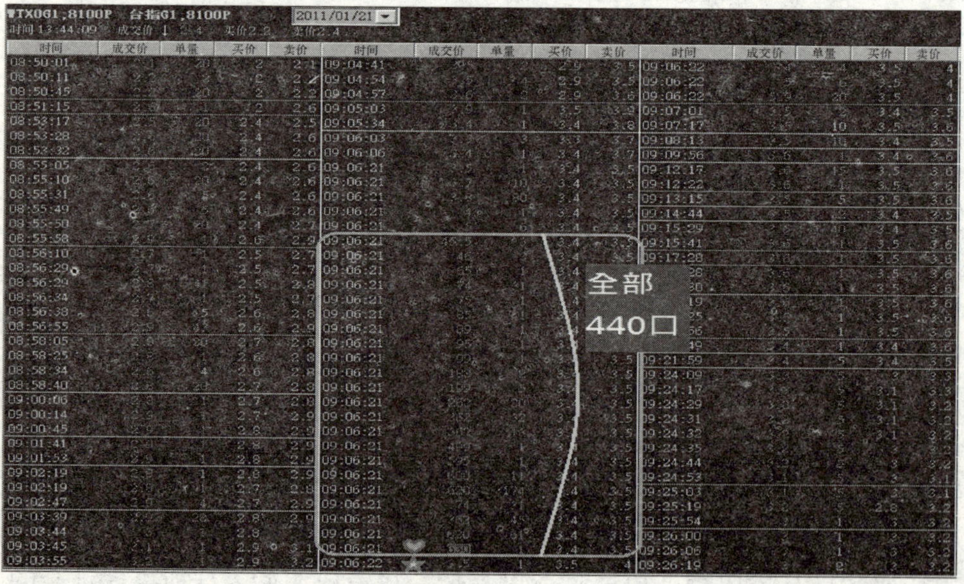

图 6–19

（转录自网络）“这是上星期五发生在我身上的事，平常我就会下一二百手很低价（3 ~ 5点）的选择权，当天我按1000手Put的市价单，我以为挂着慢慢成交，价格不会差那么多，结果几秒钟之后的事情吓到我了，我账户的平仓损益，从4万多瞬间变负的近千万，成交的点数平均360左右（起初只有3.4点）。我马上想到，是不是下单系统出了问题，因为印象中，期权买方，不是顶多赔光光吗？

“买方没有保证金的问题，最多扣完了，就不让我下单了啊！

“怎么会这样？又不是做卖方或是做期货，有保证金跟追缴的问题，怎么连做选择权买方也会有负债的事发生，不知道要不要请求财团法人法律扶助基金会？

“现在很急很慌，不知道怎么办，已经收到追缴通知和简讯了，拜托大家给点儿意见或是什么看法都好。

“我问过长辈，刚好长辈有朋友是营业员，当时他以为我是不是在什么地下期货公司被骗了，我说不是……还是上市的……我很疑惑的是系统应该会自动计算我可下单权利金的金额，怎么会搞成这种状况……”

说明如下：

买方没有保证金的问题，最多扣完了，就不让我下单了（错误观念）。

（1）买方支付权利金，实际上买进多手时，计算不会以成交1手就计算一次，而是以当时最新价乘上要交易手数，**即，买进5点 ×100手 =500点。**

（2）但是在委挂单量小的商品或是远期合约，一次交易大手数市价有可能让价格急速增加导致最后成交均价远大于挂单时的最新价，**即，买进5点 ×100手，成交回报买进均价在15点（权利金需求1500点，远大于500点原始需求）。**

注：以上例子说明了下单错误的风险，在此事件后，台湾期货商因

此修改了风险控管的程序与流程。

2. 紧急情况常犯的错误

最常发生在立刻要止损的时候，因为心中焦急不想让亏损扩大，往往会忽略小细节。

（1）选择新仓且平仓方向正确。以新仓进场还算是小损失，因为已锁住风险，只有额外增加平仓双边部位的成本。

（2）选择新仓且平仓方向错误。此等问题较大，尤其是市场交易速度快的时候，因为已经出现亏损而且急于平仓反而做了更大部位的错误单，若要再平仓将会承受新仓价差损失以及两倍反向单平仓所造成的更大的滑价。

3. 不可抗力之因素

（1）下单软件或计算器异常。人的惯性往往是点击按键后发现无反应便会再点一次至数次，更有脾气焦躁者会当打游戏般疯狂点击，笔者就曾看一位朋友原先 1 手多单，不巧碰到计算器处理太多工作而断断续续，不巧这个时候急着平仓，当他发现按一次没反应后又多按 1 次，结果变成反向多做，又为了平掉不应该的部位又按太快变成回到原先最初部位，来来回回做了 5 次才搞定，让他哭笑不得。但是因手续费与滑价点差让他记住教训也是好事一桩，最后索性花点儿小钱将计算器升级。

（2）网络掉线。网络速度联机质量也是交易风险之一，下单交易透过电子单的比重接近 90%，网络质量不良将造成不可挽回的交易错误。例如，我的委托单到底有没有挂成功？我的部位成交了吗？我止损了吗？我到底还有多少部位……诸如此类的讯息接踵而至，要是完全掉线倒是省得千愁，而那瞬断瞬连才是最恼人，要是交易所断线，那我们可就乐得轻松啦，因为全市场都在盲人摸象。以上纯属玩笑话。断线时最好沉住气，避免乱下决定及下单，因为后果你可能承受不起——什么我成交在天价，无稽之谈！

二、下单技巧

下单并无技巧，唯有熟练与细心。当然，实务上只要将正确做法养成习惯将会对交易风险降低有显著改变。

1. 不下市价改下加价单

市价单在实际市场使用中通常都处于必定要成交的情况，其使用加价单的方式也可以达到将近99%的效果，也就是说，我们可以看图6–20所示的五档报价，假使要做多就直接挂卖五的价格，反之要做空就挂买五的价格，如此成交等同市价方式，同时也可以大致看出有多少市场的容纳量，方便较高部位的一次性挂单不会成交到天价。

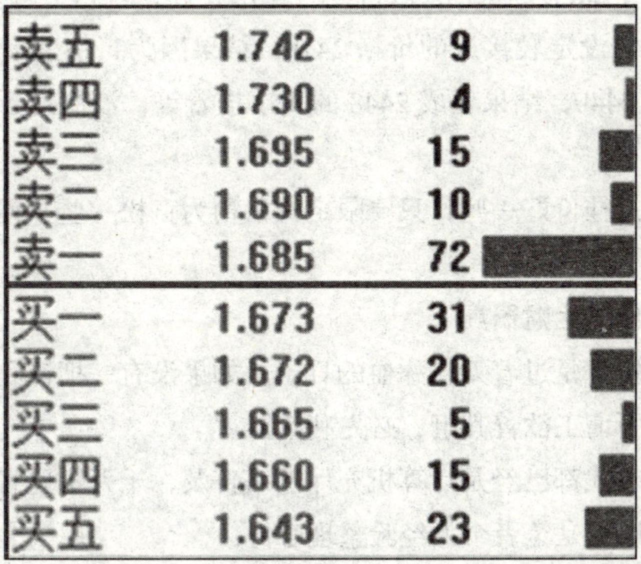

卖五	1.742	9
卖四	1.730	4
卖三	1.695	15
卖二	1.690	10
卖一	1.685	72
买一	1.673	31
买二	1.672	20
买三	1.665	5
买四	1.660	15
买五	1.643	23

图 6–20

2. 止损止利事先挂好

预挂止损单是一种好习惯，因为行情总在意料之外发生，一旦行情出现突发状况，而我们有事先挂好止损总是不会手忙脚乱，当然也大幅降低下单出错的可能。

一般下单软件都提供智能下单，可以设定简单的判断逻辑，当行情来到设定的条件时便会触发自动交易，不过，有智能下单纵然方便，但也需注意不可抗力因素的风险。

（1）首先是网络掉线与计算器短路问题，这是最常发生明明设定了却没有执行交易的事情。

（2）其次是交易设定小缺陷，譬如说我们在2500有买进1手沪深300指数货，并且设定跌破2450止损，但是因为设定止损的方式也分几种，我们有必要了解一番。

①市价（Market Order）：几乎99%一定成交，但还是会担心成交价格太差。

②限价（Limit Order）：限价则看设定条件，若当下触发2450后便急跌，但我们没定较接近的价格2448，结果因为行情速度太快导致价格瞬间变成2440，结果变成2448的卖单挂着等，没注意看还以为已经止损出场了。

总之还是挂价好一些，只要限定价格稍为宽松一些，便不怕无法做到止损。

3. 搞好你的生财器具

金融投资都是过着刀口舔血的日子，如果没有一把锋利的刀怎能大展身手？正所谓工欲善其事，必先利其器。

现今的时代都已经是计算机充斥网络普及，千万不要省点儿小钱而坏了大事，以下是笔者个人经验整理心得：

（1）计算机设备要好但不要最新。

很简单的道理，好的效能足以应对突发事件的大量运算，但为什么说不要最新？是的，这里指的是不要用最新的OS（操作系统），原因是下单软件不一定能支持。

（2）替换计算机前先预跑1—3个月做衔接。

笔者曾经因为新机器跟自己不对盘，导致3天错误交易快10笔单子而损失不少，且预跑过程还可以比较一下原先旧设备与新设备的差异再做微调。

（3）网络频宽不要省，网络备援要做好。

网络是你跟行情与单子的联系，在茫茫市场中没有办法顺畅地接收行情，就好比战场上情报侦搜比对手弱，又怎能做到料敌机先，又或者你与自己的单子无法联系，不能做交易怎么能运筹帷幄，决胜于千里之外？

完善准备是打好一场漂亮战役的前提，从事金融操作与开门做生意一样是有成本的，为了顺利赚更多钱，一定要妥善投资自己的设备，千万不要贪小而导致失大，娴熟的下单技巧与完美的战术搭配才是交易顺利的保障。

第七章 高阶及混合期权策略

以往我们操作某件商品，进场后以及之后的调整部位大小、出场等，都是在原有相同的商品上来进行。但是有了期权之后，进场之后的调整、收尾出场等，都可通过另一期权品种或是期货来进行。期权的操作可概括分为进场、调整、收尾出场三个步骤。

如图 7–1 所示，若进场时是以买进看涨期权进场，但随后出现短暂的大涨行情，也可能行情涨，那就离场休息，我们可选择直接获利出场也可卖出更实值的看涨期权来回收隐含波动率。这时组合后损益将为阶梯状的形态，基本上已是立于不败之地，因为到期损益一定在水平线之上，这代表到期时，无论结算价为何，都将为获利的状况，而且行情回档越多，获利也越多。

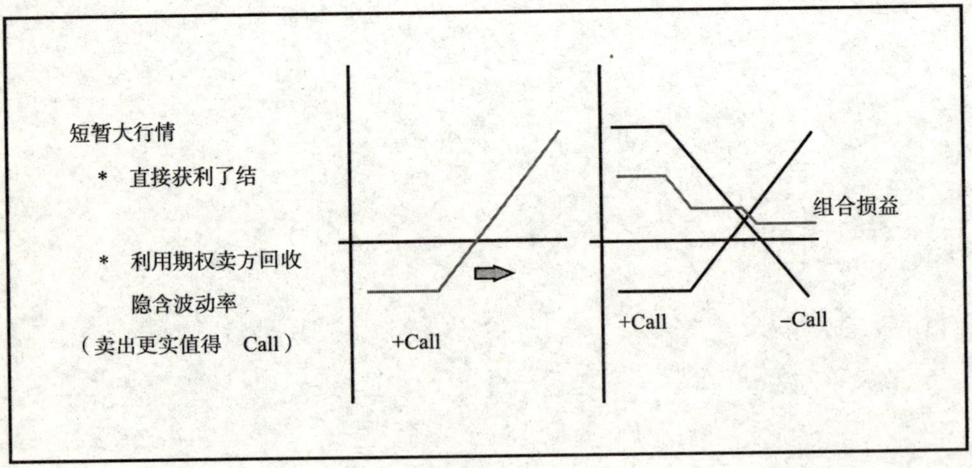

图 7–1

如图 7–2 所示，假设之后是个快速反转往下的行情，这时可放空期货，由平价理论中的 $F=C-P$ 的公式来推导，$C-F=P$ 这时组合策略将成为买进看跌期权。组合后之到期损益一定在水平线之上，这代表到期时，无论结算价为何，都将为获利的状况，而且行情回档越多，获利也越多（F：期货 C：看涨期权 P：看跌期权）。

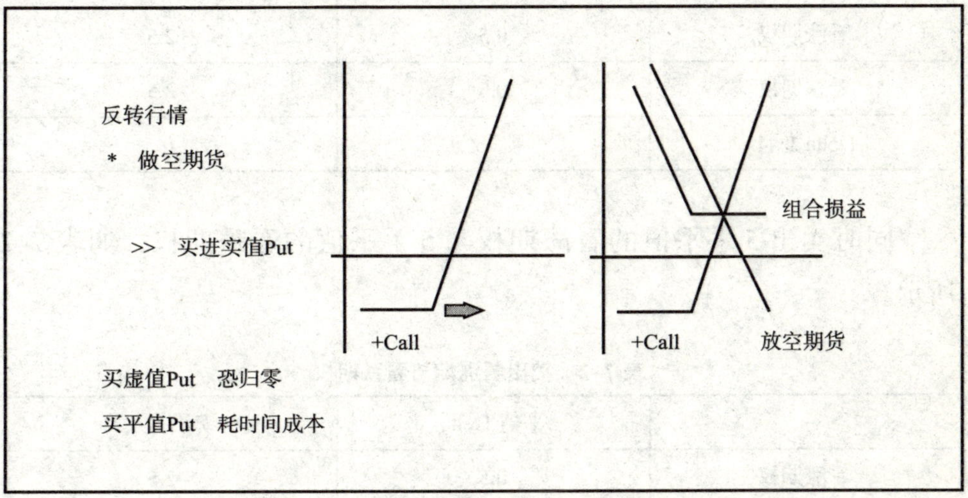

图 7–2

有了以上概念后，本章节将介绍高阶及混合期权策略，这些策略普遍被国外许多的对冲基金使用。

第一节 中性操作策略（Delta Neutral）

有一种策略获利来源不在预测多空，而是在预测一段时间的波动性，是不是很吸引人？ Delta Neutral 的概念让你不用预测多空，只预测盘整、波动，只要预测得准，一样能赚钱。

中性操作策略为许多机构法人与大户所常用的交易手法之一，而为何称为中性操作策略？因为我们在组合部位的最终 Delta 参数为零或接近于零，即为 Delta Neutral。

同时买进 5 手平值的看涨期权与 5 手平值的看跌期权，如表 7–1 所示。

表 7–1　买进看涨期权与看跌期权

	平值 Delta	买进 5 手
看涨期权	0.5	+2.5
看跌期权	0.5	–2.5
Delta 总计		0

同时卖出 5 手平值的看涨期权与 5 手平值的看跌期权，如表 7–2 所示。

表 7–2　卖出看涨期与看跌期权

	平值 Delta	卖出 5 手
看涨期权	0.5	–2.5
看跌期权	0.5	+2.5
Delta 总计		0

观念建立：期货涨跌几乎与相对应商品（指数、外汇等）1∶1 同步，所以买进 1 手期货的 Delta 值为 1，卖出 1 手期货的值为 –1。

某行权价下的期权 Delta 介于 +1 与 –1 之间，看涨期权的 Delta 值为正，看跌期权的 Delta 值为负，平值期权的 Delta 值则约为 +0.5 或 –0.5，而愈是深度价内的看跌期权或看跌期权，其 Delta 值也愈趋近于 +1 或 –1，而深度虚值的期权其 Delta 值则趋近于 0。

一、交易者一定要知道几件事

（1）Delta Neutral 通常是站在卖方的角度去思考，在交易部位规划上要把正负双方的 Delta 同时组起，在风险可控制的情况下去做时间价值的收敛。

（2）卖方的 Delta Neutral 并不是无风险交易，需调整部位用以避险，让部位不要太贴近系统性风险。因为行情若大幅波动，在不避险的情况下有可能造成巨大损失。

图 7–3 为 2014 年 7 月 1 日 沪深 300 期权报价，指数为 2156.6 点，我们观察平值期权 2150 的看涨期权与看跌期权。假设我们各买 1 手，则 Delta 为 0.5598+（– 0.4401）=+0.1197，虽未达到 Delta Neutral 的目标，但我们要理解 +0.1197 所代表的意义。

① Delta 值为正时看多，Delta 值为负时看空；

② 0.1197 代表指数每增加 1 点，你的权利金变化为 +0.1197 点。

标的期货	最新价	涨跌	涨跌幅	买价	卖价	最高价	最低价	成交量	到期日(天数)	更新时间
IF201407	2156.6	▲2.8	0.13%	2156.4	2156.6	2170.2	2146.2	230141	2014/07/18(18)	15:15:00

看涨期权 (Call)						看跌期权 (Put)				
最新价	涨跌	Delta	卖	买	行权价	买	卖	Delta	涨跌	最新价
1.8	▼1.5	0.0162			2350			-0.9837	▼5.2	190.8
3.5	▼2.2	0.0565			2300			-0.9434	▼9.4	142.2
6.9	▼2.3	0.1540			2250			-0.8459	▼3.6	96.3
16.9	▼0.1	0.3296			2200			-0.6703	▼2.4	54.2
35.8	▼2	0.5598			2150			-0.4401	▼1.7	24.3
70.8	▲1	0.7752			2100			-0.2247	▼4.5	8.4
112	▼6.9	0.9156			2050			-0.0843	▼1.8	3.6
164.1	▲2.1	0.9778			2000			-0.0221	▼1.8	1
214.6	▲9.7	0.9961			1950			-0.0038	▼0.4	1.1

图 7–3

假设行情对你有利，则随着指数不断上升，你的 Delta 值也会逐渐变大，这时你组成的部位已经为一个方向看多的部位，而非一开始所期望的 Delta Neutral。

二、实务上的进场状况（预期盘整）

（1）卖出 2150 Call+ 买入 2200 Call，此时 Delta 为 –0.5598+0.3296=

–0.2302；

（2）卖出 2250Put+ 买入 2200Put，此时 Delta 为 0.8459+（–0.6703）= 0.1756。

将上述两组合并，Delta 为 –0.2302+0.1756= –0.0546。

合并后图形如图 7–4 所示，获胜机率约 25.43％，行情需停留在 2161.6 ~ 2238.4，我们不用预期行情多空，利用 Delta Neutral 仍可在盘整行情中获利。

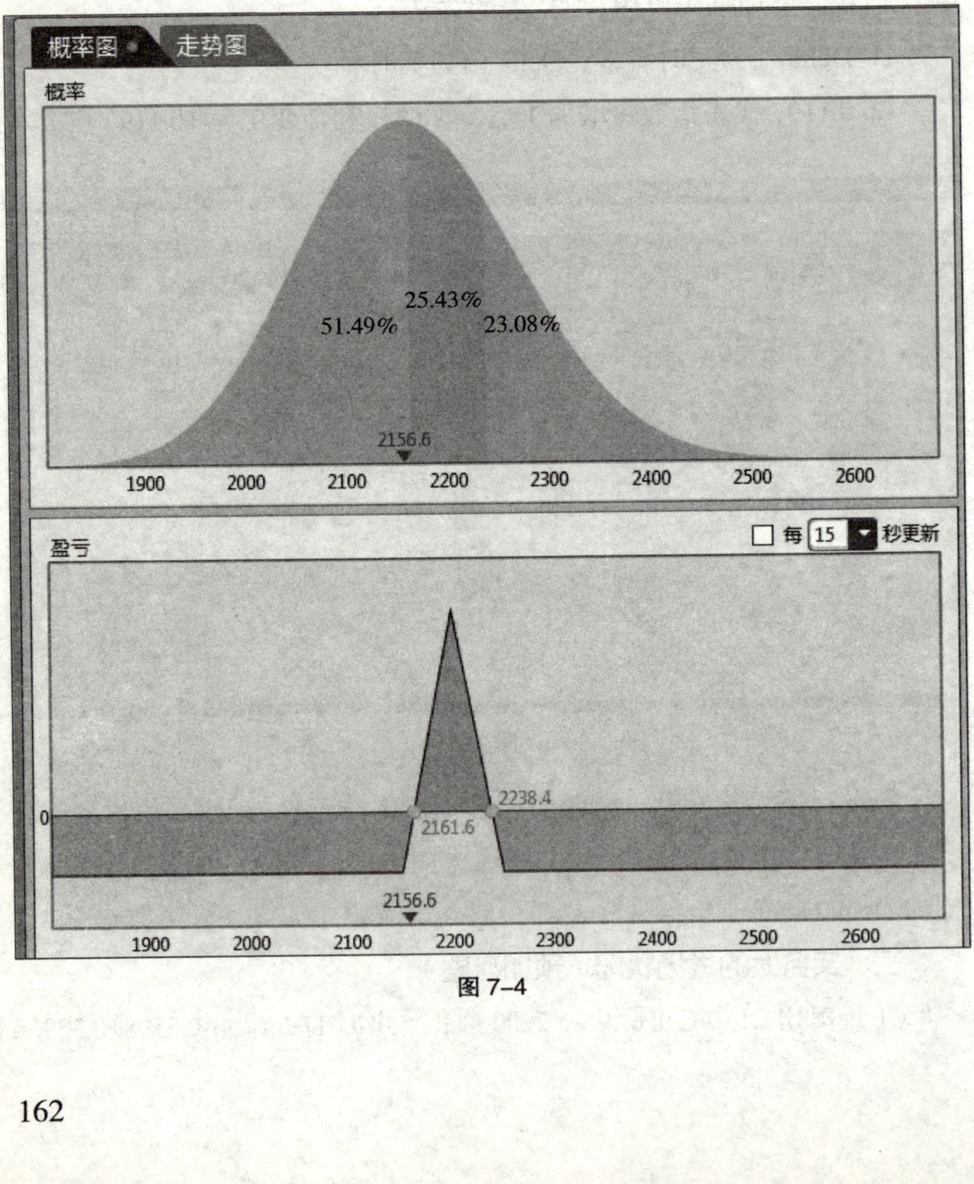

图 7–4

同样的方式，我们亦可预测行情将远离预测区间（即出现行情），如图 7–5 所示，操作方式如下：

标的期货	最新价	涨跌	涨跌幅	买价	卖价	最高价	最低价	成交量	到期日(天数)	更新时间
IF201407	2156.6	▲2.8	0.13%	2156.4	2156.6	2170.2	2146.2	230141	2014/07/18(18)	16:07:17

看涨期权 (Call)												
最新价	涨跌	Delta	卖	买		行权价		买	卖	Delta	涨跌	最新价
1.8	▼1.5	0.0162	☐	☐		2350		☐	☐	-0.9837	▼5.2	190.8
3.5	▼2.2	0.0565	☐	☐		2300		☐	☐	-0.9434	▼9.4	142.2
6.9	▼2.3	0.1540	☐	☐		2250		☐	☑	-0.8459	▼3.6	96.3
16.9	▼0.1	0.3296	☐	☐		2200		☑	☐	-0.6703	▼2.4	54.2
35.8	▼2	0.5598	☐	☑		2150		☐	☐	-0.4401	▼1.7	24.3
70.8	▲1	0.7752	☑	☐		2100		☐	☐	-0.2247	▼4.5	8.4
112	▼6.9	0.9156	☐	☐		2050		☐	☐	-0.0843	▼1.8	3.6
164.1	▲2.1	0.9778	☐	☐		2000		☐	☐	-0.0221	▼1.8	1
214.6	▲9.7	0.9961	☐	☐		1950		☐	☐	-0.0038	▼0.4	1.1

（看跌期权 (Put) 为右侧各列）

图 7–5

（1）买入 2150Call+ 卖出 2100 Call，此时 Delta 为：+0.5598+（–0.7752）= –0.2163；

（2）买入 2250Put+ 卖出 2200Put，此时 Delta 为：（–0.8459）+（–0.6703）= 0.1756。

将上述两组合并，Delta 为 –0.2163+0.1756 = –0.0407。

同是 Delta Neutral 策略，但图形与获利区间已有变化。合并后图形如图 7–6 所示，获胜机率约 64.81%，行情需结算在跌破 2124.8 或高于 2252.2。

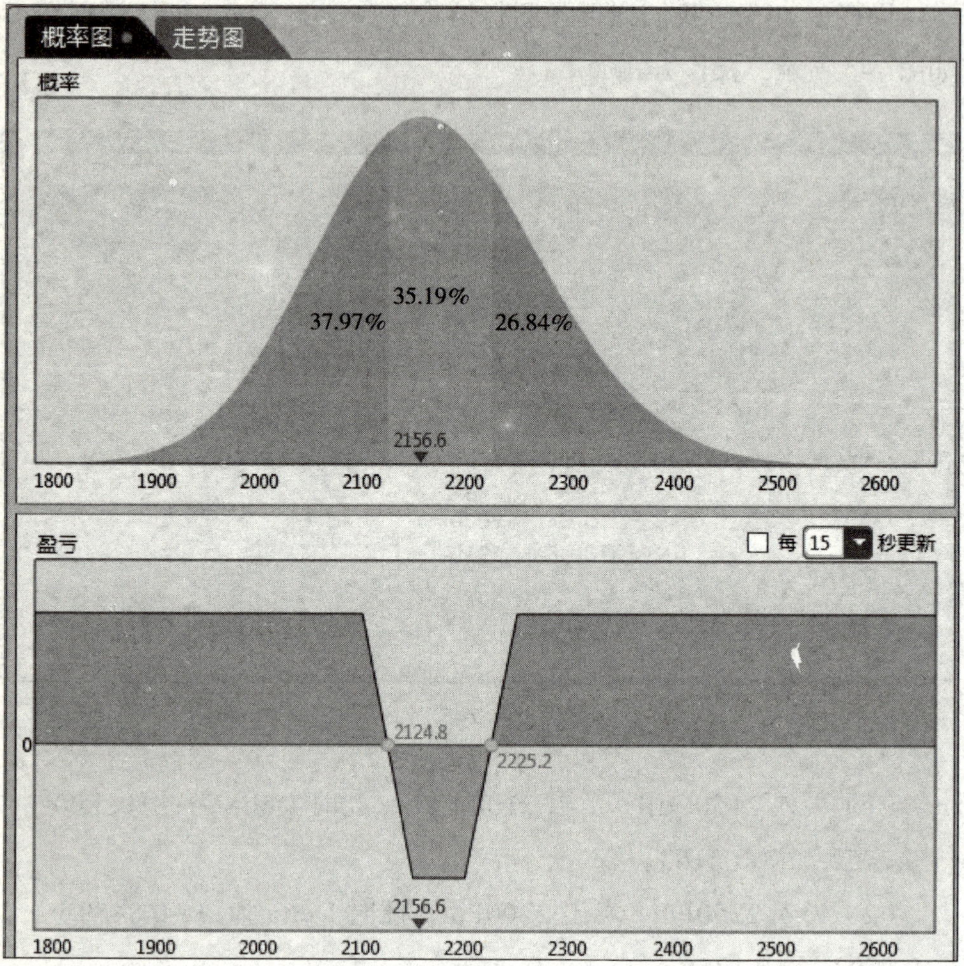

图 7–6

三、交易小提醒

本章节利用 Delta Neutral 来强化风险管控的概念，期权做卖方的投资者很多，他们往往在盘整行情时可以得到利润，但出现一两次无法预测的大行情时就被市场淘汰（相关案例可参照本书范例杜姓交易者）。

如图 7–7 及图 7–8 所示，一般常用卖出看涨期权和卖出看跌期权的概念去做赚取时间价值的操作。

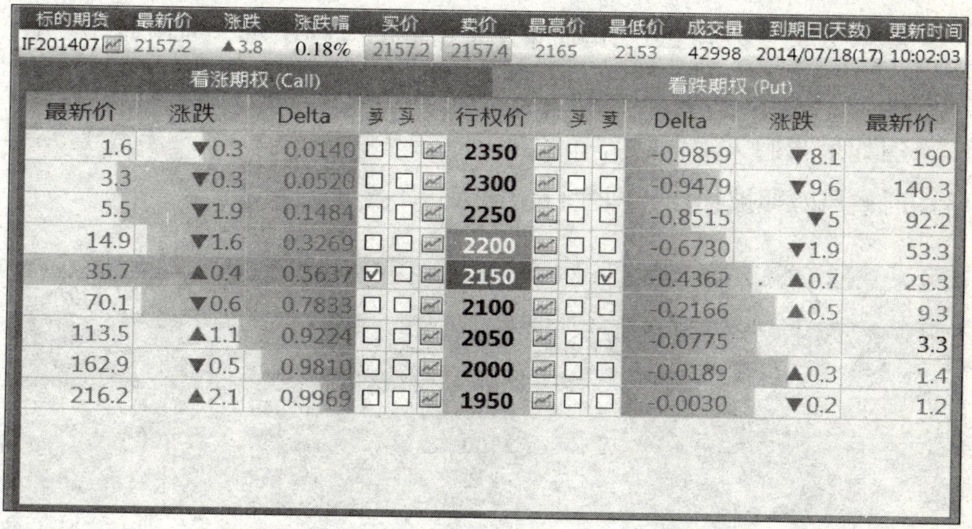

标的期货	最新价	涨跌	涨跌幅	买价	卖价	最高价	最低价	成交量	到期日(天数)	更新时间
IF201407	2157.2	▲3.8	0.18%	2157.2	2157.4	2165	2153	42998	2014/07/18(17)	10:02:03

看涨期权 (Call)						看跌期权 (Put)		
最新价	涨跌	Delta	卖 买	行权价	买 卖	Delta	涨跌	最新价
1.6	▼0.3	0.0140	☐ ☐	2350	☐ ☐	-0.9859	▼8.1	190
3.3	▼0.3	0.0520	☐ ☐	2300	☐ ☐	-0.9479	▼9.6	140.3
5.5	▼1.9	0.1484	☐ ☐	2250	☐ ☐	-0.8515	▼5	92.2
14.9	▼1.6	0.3269	☐ ☐	2200	☐ ☐	-0.6730	▼1.9	53.3
35.7	▲0.4	0.5637	☑ ☐	2150	☐ ☑	-0.4362	▲0.7	25.3
70.1	▼0.6	0.7833	☐ ☐	2100	☐ ☐	-0.2166	▲0.5	9.3
113.5	▲1.1	0.9224	☐ ☐	2050	☐ ☐	-0.0775		3.3
162.9	▼0.5	0.9810	☐ ☐	2000	☐ ☐	-0.0189	▲0.3	1.4
216.2	▲2.1	0.9969	☐ ☐	1950	☐ ☐	-0.0030	▼0.2	1.2

图 7–7

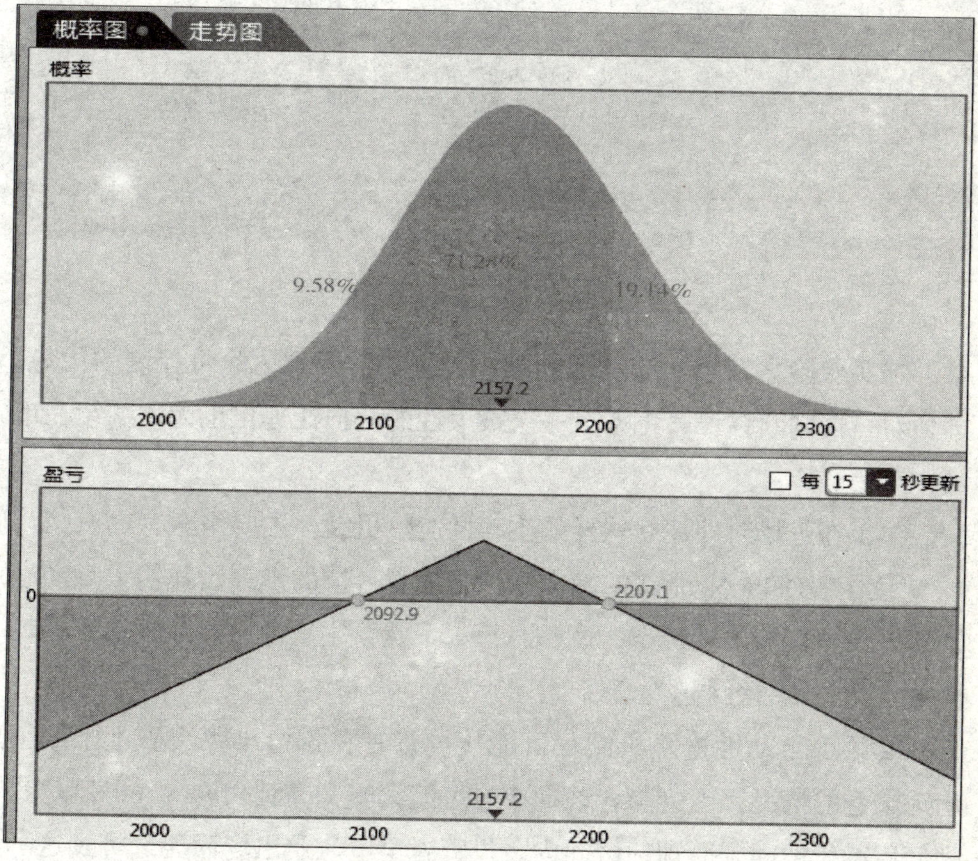

图 7–8

穿越 2092.9 以及 2207.1 则将有无止境的亏损出现，风险是不可控制的。

但如果我们买了保险，如图 7–9 及图 7–10 所示，在一开始建立部位的时候风险即被锁住，即使行情再大也不至于倾家荡产。

标的期货	最新价	涨跌	涨跌幅	买价	卖价	最高价	最低价	成交量	到期日(天数)	更新时间
IF201407	2159	▲5.6	0.26%	2159	2159.2	2165	2153	47060	2014/07/18(17)	10:04:52

看涨期权 (Call)					行权价	看跌期权 (Put)				
最新价	涨跌	Delta	卖	买	行权价	买	卖	Delta	涨跌	最新价
1.6	▼0.3	0.0150	☐	☐	2350	☐	☐	-0.9849	▼8.1	190
3.3	▼0.3	0.0549	☐	☐	2300	☐	☐	-0.9450	▼11.8	138.1
5.5	▼1.9	0.1547	☐	☐	2250	☐	☐	-0.8452	▼6.2	91
15.7	▼0.8	0.3367	☐	☑	2200	☐	☐	-0.6632	▼4.2	51
36.1	▲0.8	0.5743	☑	☐	2150	☐	☑	-0.4256	▼2.6	22
70.1	▼0.6	0.7911	☐	☐	2100	☑	☐	-0.2088	▼0.9	7.9
113.5	▲1.1	0.9262	☐	☐	2050	☐	☐	-0.0737	▲0.3	3.6
162.9	▼0.5	0.9822	☐	☐	2000	☐	☐	-0.0177	▲0.1	1.2
217.2	▲3.1	0.9972	☐	☐	1950	☐	☐	-0.0027	▼0.6	0.8

图 7–9

加买保险之后虽然获利区间缩小，但相对得到风险可控制的优势，即便对行情判断错误，也不至一次毁灭性的亏损让你再也无法继续在市场中交易。

（1）在进场时即建立这样的主动性避险机制，主要用意有二。

①虽然 Delta Neutral 的基本精神为随着行情的推移，我们去做动态调整，一旦行情出现跳空，调整恐怕来不及，主动性避险让投资者有较大的空间去做后续调整。

②缺少主动性避险机制很可能让投资者在行情小幅突破上下限就出现爆仓的情况，因为隐含波动率有可能大幅升高到 40% ~ 60%以上。即使后续行情回到原预估区间内，投资者早已认赔出场而无缘等到这一

天。主动性避险则有机会把行情“看”回来，最后获利出场。

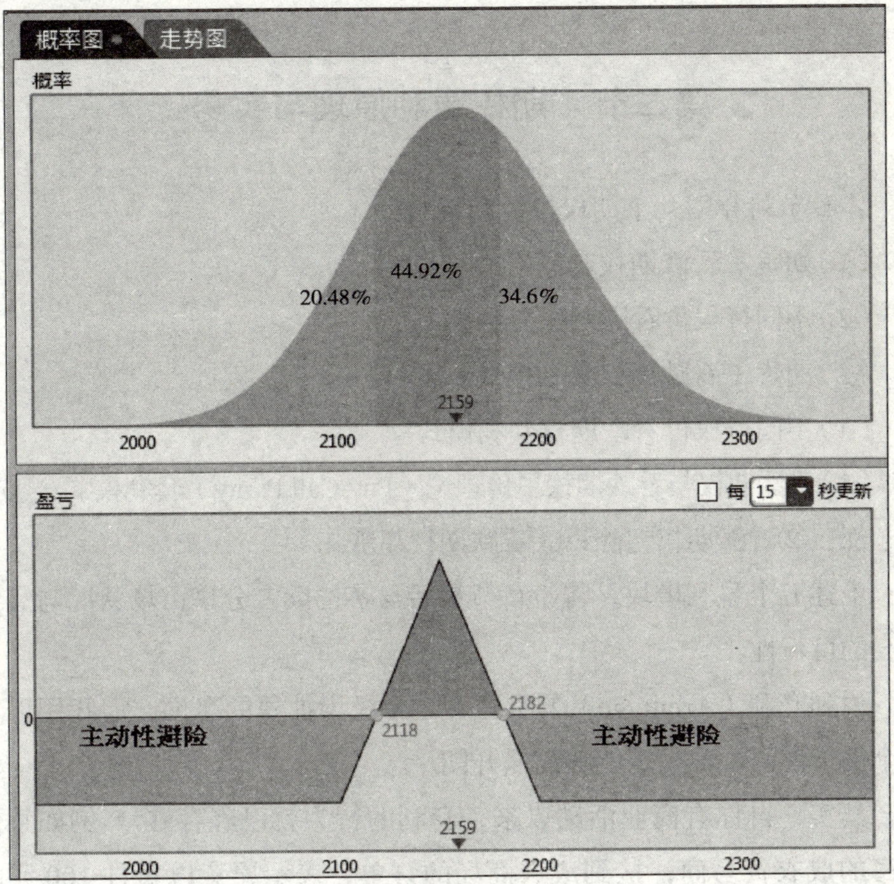

图 7–10

（2）调整的机制：

①行情在区间内小幅波动则不去调整；

②若行情缓步向上，使 Delta 成为负值，这时可卖出看跌期权（负负得正）来将整体部位调整至中性（Delta 趋近于零）。若行情缓步向下则卖出看涨期权；

③若行情快速向上，使 Delta 成为负值，卖出看跌期权无法全面规避风险，这时应买进期货或买进更多的虚值看涨期权来将整体部位调整

至中性。

第二节　期权盈利原理与实务

本章节将介绍几个期权权盈利策略：

（1）期货 + 看涨期权套利模式。

（2）不同行权价看涨期权套利模式。

（3）期货 + 看跌期权套利模式。

（4）不同行权价看跌期权套利模式。

（5）看涨期权与看跌期权平价理论（Put-Call Parity）套利模式：①期货超涨；②看涨期权超涨；③看跌期权超涨。

上述五个盈利模块，将于章节最后与各位读者分享市场状况与套利机会的可行性。

说到套利（Arbitrage）乍听之下是个极为抽象的名词，但我用以下这个例子说明，你一定能够豁然开朗。

其实，自你有商业活动以来，套利的行为就已经存在。例如某位上海的成衣贸易商，接到成衣商场的订单，表示愿意以每件 100 元的价格向他买进某种款式的服装。这时贸易商马上向福建的成衣工厂询问这种款式的服装，每件的出货价格为多少？成衣厂表示愿意以 30 元出货。这时这位贸易商同时成交两笔交易：以 30 元向成衣厂买进服装，并以 100 元卖给成衣商场。在不考虑运费等其他成本与违约风险的情况下，这位聪明的贸易商就已完成了套利的交易，利润为 70 元（100-30）。

很清楚的一件事就是这衣服还是这衣服，无论在上海或是福建都一样，所以套利就是针对同一商品或物品，在两地不同的市场价格下，同时进行低买高卖的动作，而套利的利润就是两者之间的价差。

正义之士或许会认为商人如此不劳而获的套利行为并不光明磊落，但套利者其实在经济活动中扮演了相当重要的角色。首先，福建的成衣工厂与上海的成衣商场并不一定熟识，纵然眼下有相当大的赚钱机会，也不敢胡乱接下订单。这时贸易商承接了双方的风险，让交易得以顺利进行。

其次，当有众多的套利者存在时，两地的价格将趋于一致。假设成衣商场开出的款式规格，同时有 A、B 两个贸易商来竞逐这笔生意，A 贸易商向工厂开出的价格为 30 元，而 B 贸易商开出 50 元的价格，毫无疑问 B 将拿下这笔生意，所以福建的成衣工厂就不用流血输出，而可以用更高的 50 元价格来出售生产的服装，因此生产者的权益得到保障。而成衣商场呢？ B 贸易商可能向他报出 90 元的价格，所以买家可以用更低的价格取得商品，所以获利者可说是稳定市场秩序的重要参与者。

而获利机会的存在也是金融市场初期信息不对称或是不成熟下所产生的必然现象。故中国期权市场的开放初期也会有许多套利机会发生，期权获利是如何运作的呢？因为这牵涉到现货、期货、看涨期权、看跌期权等多种商品，策略将更为多样及复杂。以下将各种期权获利的交易模式说明如下：

一、期货 + 看涨期权获利模式

假设现在的沪深 300 期权（Call）报价如表 7–3 所示：

表 7–3　看涨期权报价

最新价	Call 行权价
52	2050
60	2000
160	1950

而目前市场期货报价为2100点，观察表7–3我们可以发现在行权价2000点的合约中有获利机会，操作方式如表7–4所示：

表7–4　两种看涨期权的获利方法

美式期权	欧式期权
买入2000点的Call，支付60点权利金。同时马上执行契约，在市场上你持有1手沪深300期货多头部位，成本在2060（2000+60=2060），并以市价2100点执行卖出动作，从中获利40点	因欧式期权需摆放至到期，因此我们的操作方式有下列两种方式： （1）买入2000点的Call并支付60点权利金，以及在市场放空1手2100的期货，同时将两个部位摆放至到期，获利40点。 （2）方法如上述，同时持有期货空单与2000的Call，需同时进场，等待市场2000 Call的权利金回到正常价格时出场，此获利模式能赚取40点权利金

（以上范例均不考虑交易成本，诸如手续费、税及利息）

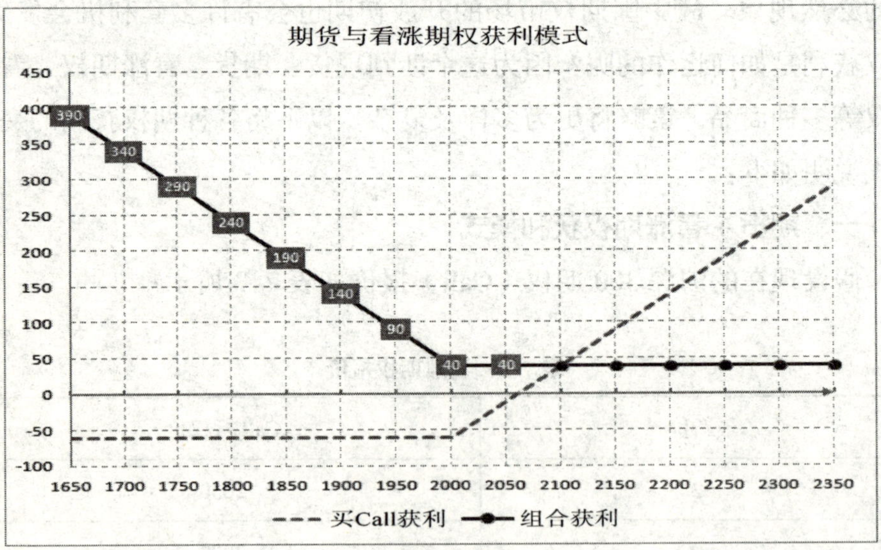

图7–11

如图7–11所示，我们可以知道，一旦这种买进看涨期权并放空期货的获利策略进场后，至少将有 40 点的利润，也就是立于不败之地了。若是期货之后下跌，跌得越多，整体的获利也越多，例如期货跌到 1800，整体的获利可达到 240 点。

二、不同行权价看涨期权获利模式

同上例，我们亦可在上述报价中得到不同行权价获利方式。假设现在的沪深 300 期权（Call）报价如表 7-5 所示：

表 7-5 看涨期权报价

最新价	Call 行权价
52	2050
60	2000
160	1950

而目前市场期货报价为 2100 点，行权价 2000 点的价格为 60 点，明显不合理。因此行权价 2000 点与与行权价 1950 点之间存在获利机会。而行权价 2000 点与行权价 2050 点同样也存在获利机会。

获利方式如下：

假设我们买进 2000 点的 Call 与卖出 1950 的 Call，到期时期权部位为买进 1 手 2000+60=2060 的期货与卖出 1 手 1950+160=2110 的期货，两相扣抵后可得 2102-2060=50 点的利润。也可以运用行权价 2000 点与行权价 2050 点来进行获利，各位朋友可自行计算看看。

如图 7-12 所示，我们可以知道，一旦这种买进低估之看涨期权并另卖出一行权价看涨期权的获利策略进场后，至少将有 50 点的利润，同样立于不败之地。若是行情之后下跌，跌得越多，整体的获利也越多，例如结算时跌到 1950，整体的获利可达到 100 点。但跌超过 1950，最大的获利依然也是 100 点。

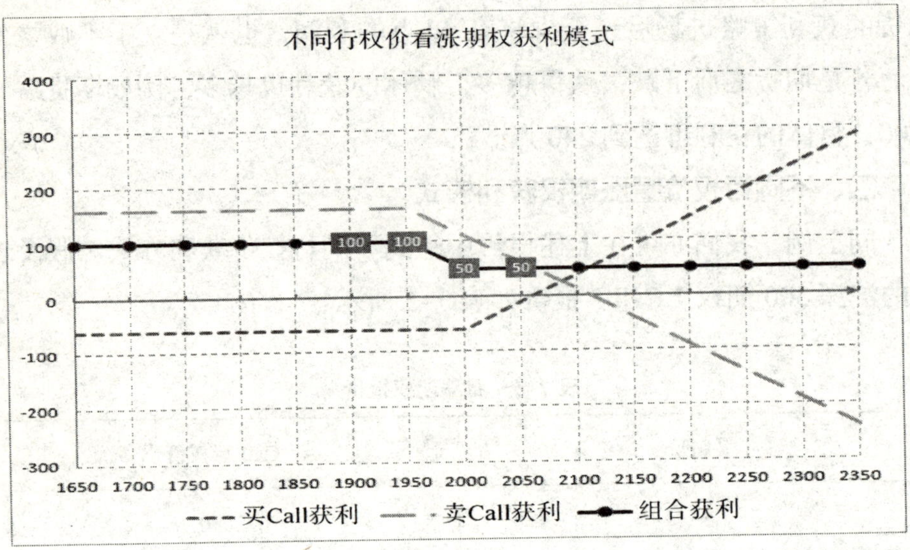

图 7-12

三、期货＋看跌期权获利模式

假设现在的沪深 300 期权（Put）报价如表 7-6 所示：

表 7-6　看跌期权报价

最新价	Put 行权价
160	2050
60	2000
52	1950

而目前市场期货报价为 1900 点，观察上列期权我们可以发现在行权价 2000 点的合约中有获利机会，操作方式如表 7-7 所示：

表 7-7　两种看跌期权的获利方法

美式期权	欧式期权
买进 2000 点的 Put，支付 60 点权利金。同时马上执行契约，在市场上你持有 1 手看空沪深 300 期货，价位在 1940，并以市价 1900 点执行买进动作，从中获利 40 点	因欧式期权需摆放至到期，因此我们的操作方式有下列两种方式： （1）买进 2000 点的 Put 并支付 60 点权利金，以及在市场买进 1 手 1900 的期货，同时将两个部位摆放至到期，获利 40 点。 （2）方法如上述，同时持有期货多头部位与买进 2000 的 Put，需同时进场，等待市场 2000 Put 的权利金恢复正常报价时出场，此获利模式能赚取 40 点权利金

（以上范例均不考虑交易成本，诸如手续费、税及利息）

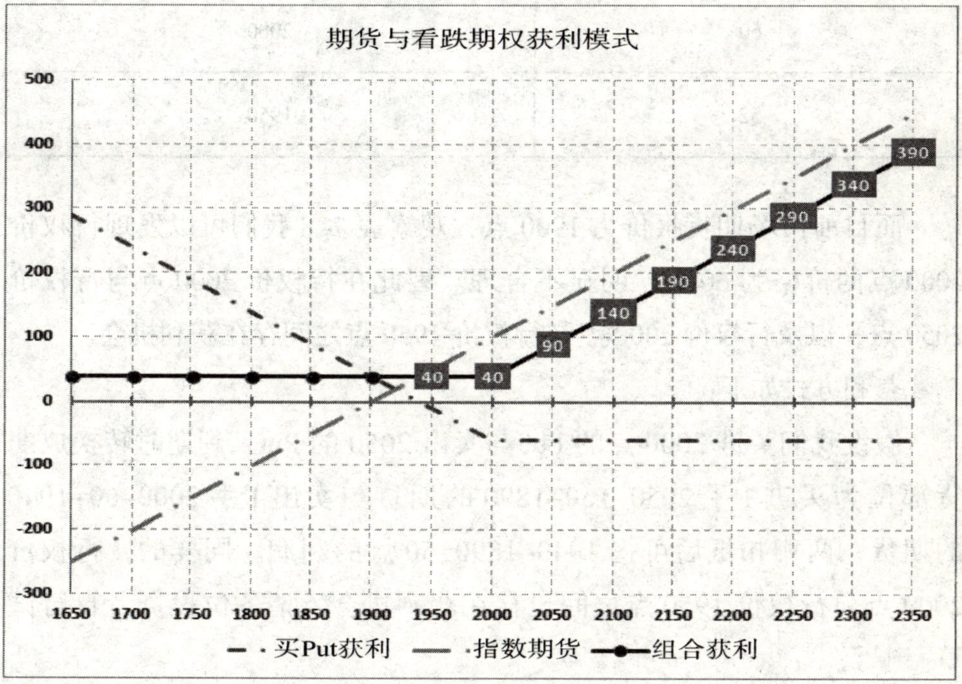

图 7-13

如图 7–13 所示，我们可以知道，一旦这种买进看跌期并做多期货的获利策略进场后，至少将有 40 点的利润，完全是进可攻，退可守的有利状况。若是期货之后上涨，涨得越多，整体的获利也越多，例如期货涨到 2200，整体的获利可达到 240 点。

四、不同行权价看跌期权获利模式

同上例，我们亦可在上述报价中得到不同行权价获利方式，假设现在的沪深 300 期权（Put）报价如表 7–8 所示：

表 7–8　看跌期权报价

最新价	Put 行权价
160	2050
60	2000
52	1950

而目前市场期货报价为 1900 点，观察表 7–8 我们可以发现行权价 2000 点的价格为 60 点，明显不合理。因此在行权价 2000 点与行权价 2050 点，以及行权价 2000 点与行权价 1950 点之间存在获利机会。

获利方式如下：

假设我们买进 2000 点的 Put 与卖出 2050 的 Put，到期时转换成期货部位为买进 1 手 2050–160=1890 的期货与卖出 1 手 2000–60=1940 的期货，两相扣抵后可得 1940–1890=50 点的利润。同样的，行权价 2000 点与行权价 1950 点之间也存在获利机会，请各位投资者自行试算一下。

如图 7–14 所示，我们可以知道，一旦这种买进低估之看跌期权并另卖出一行权价看跌期权的获利策略进场后，至少将有 50 点的利润，同样是进可攻，退可守的美好状况。若是行情之后上涨，涨得越多，整体的获利也越多，例如结算时涨到 2050，整体的获利可达到 100 点。但涨超过 2050，最大的获利依然也是 100 点。

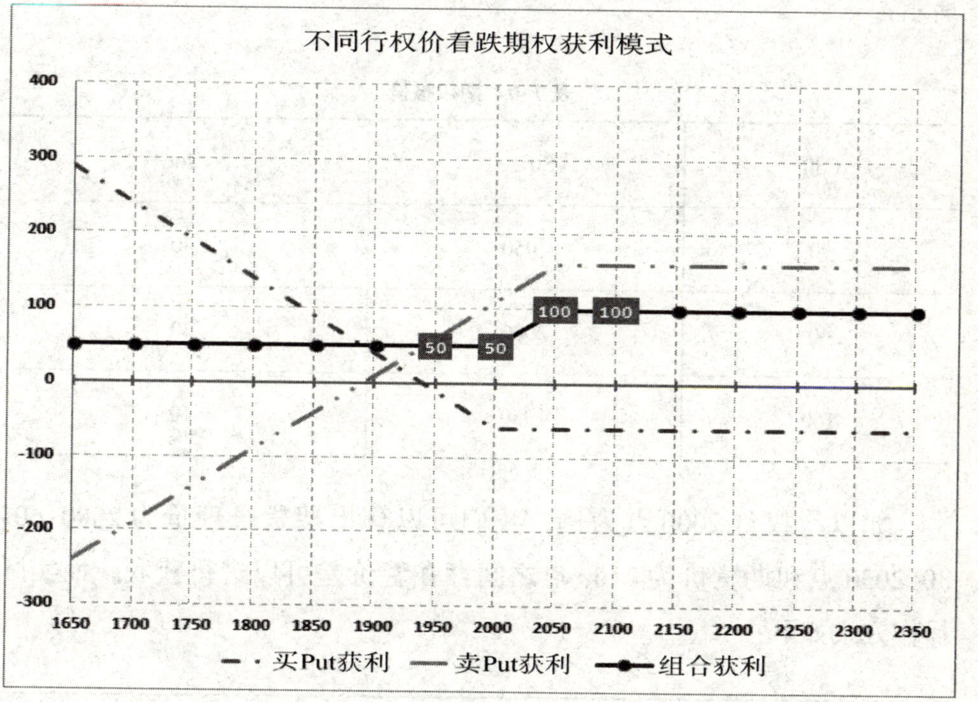

图 7-14

五、看涨期权与看跌期权评价理论（Put-Call Parity）获利模式

根据本书之前所述，以看涨期权、看跌期权评价理论来进行获利。

$$F=S+C-P$$

式中，F 为期货；S 为行权价；C 为 Call 的权利金；P 为 Put 的权利金。基于此恒等式，我们可以设想将三只小老鼠关在同一个笼子里，无论是期货、看涨期权、看跌期权三者中任一小老鼠冒出头，我们即用力将它打下去。紧接着我们再去对另外两边进行锁住的动作。类似打小老鼠的游戏来说明会比较贴切。

1. 看涨期权与看跌期权评价理论（Put–Call Parity）获利模式——期货超涨

范例：假设沪深300期货价位为2100点，而期权报价如表7–9所示：

表 7–9　期权报价

Call	Strike	Put
90	2050	40
60	2000	30
160	1950	10

如以行权价2000点为例，我们可以算出期货合理价为2000+60–30=2030点和期货价为2100点之间存在着价差可以进行获利，而实际操作方式如下：

期权部分：利用买进2000的Call与卖出2000的Put创造出一组2030的期货多单部位	
期货部分：于市场中直接放空一组期货在目前价位2100点	

执行上述两个动作后我们可以获得2100–2030=70点的价差利润。

（以上范例均不考虑交易成本，诸如手续费、税及利息）

如图7–15所示，我们可以知道，一旦这种Put Call Parity获利策略进场后，70点的利润即已锁定，无论之后行情如何变化，不会多赚也不会少赚。

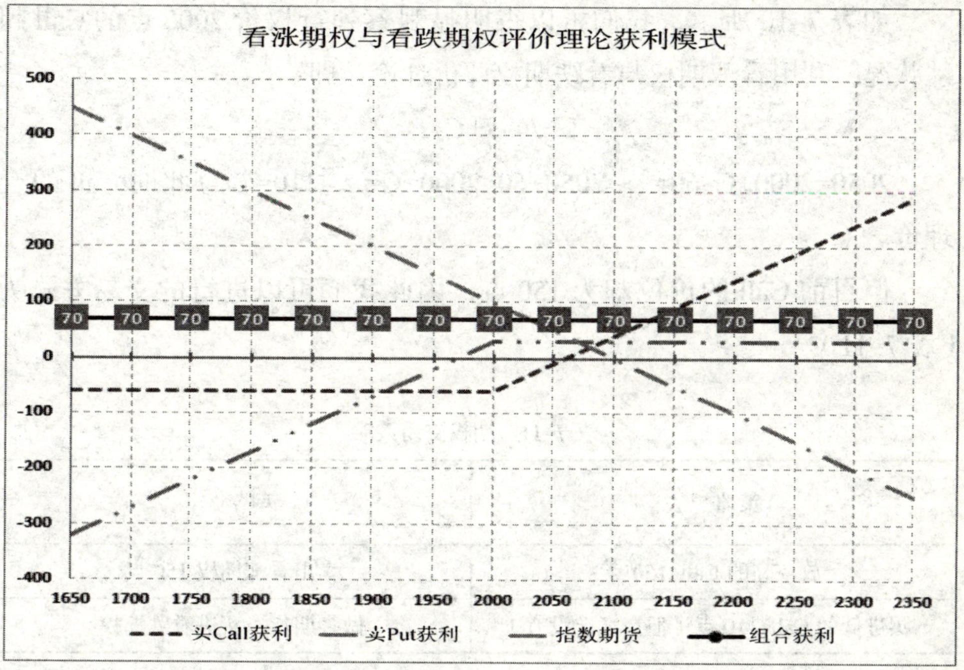

图 7-15

2. 看涨期权与看跌期权评价理论（Put–Call Parity）获利模式——看涨期权超涨

范例：假设沪深300期货价位为2050点，而期权报价如表7-10所示：

表 7-10　期权报价

Call	Strike	Put
30	2050	30
150	2000	60
180	1950	80

如表 7–10 所示，我们可以很明显观察到行权价 2000 点的 Call 超涨状况，利用看涨期权与看跌期权评价理论，即：

$$F=S+C-P$$

2050=2000+C–60=＞2050+60–2000=C=＞110=C 为此时 Call 的合理价。

但目前 Call 的价位却为 150 点，因此我们可以进行的交易方式为（表 7–11）：

表 7–11　期权交易策略

策略想法	策略动作
放空高的 Call 150 点	卖出看涨期权 150 点
买进低的 Call 110 点（但市场上没有）	做多期货 + 买进看跌期权

执行以上动作我们可以获利 150–110=40 点。

（以上范例均不考虑交易成本，诸如手续费、税及利息）

3. 看涨期权与看跌期权评价理论（Put–Call Parity）获利模式——看跌期权超涨

范例：假设沪深 300 期货价位为 2050 点，而期权报价如表 7–12 所示：

表 7–12　期权报价

Call	Strike	Put
80	2050	80
110	2000	75
150	1950	50

如表 7–12 所示，我们可以很明显观察到行权价 2000 点的 Call 超

涨状况，利用看涨期权与看跌期权评价理论，即：

$$F=S+C-P$$

2050=2000+110–P= ＞ 2110–2050=P= ＞ 60=P 为此时 Put 的合理价。

但目前 Put 的价位却为 75 点，因此我们可以进行的交易方式为（表 7–13）：

表 7–13　期权交易策略

策略想法	策略动作
放空高的 Put 75 点	卖出看跌期权 75 点
买进低的 Put 60 点（但市场上没有）	做空期货 + 买进看涨期权

执行以上动作我们可以获利 75–60=15 点。

（以上范例均不考虑交易成本，诸如手续费、税及利息）

关于获利在市场的可行性：

获利一直是大资金部位的持有者（机构法人）所偏好的交易方式，理由很简单，在扣除必要成本后如果有着绝对的利润，则对大资金的机构法人会视为利息收入（倘若报酬率比定存或是其他无风险交易来的有利，则他们会去进行此获利交易）。因此机构法人不计代价地投资在计算机的配备、网络传输的质量、人员训练等花费上，一般交易者很难利用家用计算机，甚至是笔记本计算机即可打败。

在台湾，甚至有许多机构法人将主机装置于台湾期货交易所主机所在位置旁边，只为了争取那 1 毫秒的时间，而这 1 毫秒的时间所付出的成本非一般交易者所能承担。简单地说，期权获利交易已演变为一场“军备竞赛”。

市场上很多厉害的交易者，他们以获利为出发点，愿意承担些许风险，争取比别人多些胜率，短期虽或有亏损，但长期资金曲线却是呈现正报酬，而这也是每个交易者所追求的目标。举例来说，如果你有一个好的指标可以判断当日行情且准确率高达 80%，但你是个风险承受度极低，不愿意以期货作为单向压注的交易者，此时我们可以用 Put–Call Parity 以及进场时间差的方式来进行交易，虽脱离了获利，但我们用获利的思维来进行一场风险极低的交易，也许会让你对自己的指标更具信心，也让你的资产日渐茁壮。

第三节　股票（期货）与期权混合策略

期权对于原来仅操作股票或是期货的投资者来说具有重大的意义，因为通过期权的加入，将使操作策略更具弹性和多样化，也就是说可以符合更多的策略目标。以下就几个混合策略来加以说明：

一、掩护性看涨期权（Coverd Call）

这种期权操作策略是先买进现货或期货（股票、ETF、沪深 300 期指、商品期货），然后卖出该标的之看涨期权（Call）。

根据我们之前所学习的看涨期权与看跌期权评价理论（put Call parity），这样的组合部位，基本上就等同卖出看涨期权。

$$F= S+C-P \text{ 或 } F-C=S-P$$

那这样做的用意何在？主要是机构法人或是长线投资者的长期核心持股可借此达到资产活化并增进收益的效果。假设我们是某退休基金的操盘人，持有一篮子沪深 300 的投资组合，价值为 1 亿，这些股票没涨上来是不会卖出的，如果很不幸今年股市没涨，到年底这 1 亿还是 1 亿没变，那投资绩效恐怕没法向领导交代。现在有了期权的工具，通过这种策略，可以提升投资收益。怎么说呢?

如图 7–16 所示，现在沪深 300 指数为 2119，我们的持股成本也在 2119，同时卖出 3 手 2400 的看涨期权（依比例调整，目前沪深 300

期权的合约是沪深 300 期指的 1/3），权利金每手收 12 点。这时会有两个结果出现，首先，如果到年底都没涨，那每个月收 12 点，一年就收 144 点，那这部分所增加的收益达到 6.5%（144/2119=6.5%），也就是用你手上的股票收到“租金”。其次，若行情数月后真的涨上去，那正好在 2400 将股票获利了结，总获利为 （2400–2119）+12× 持有月份。以上的策略应考虑股票与大盘的连动性，若你持有的是上证 180ETF 的投资组合，正好与上证 180ETF 期权百分之百连动，则以此品种为操作标的。

标的期货	最新价	涨跌	涨跌幅	买价	卖价	最高价	最低价	成交量	到期日(天数)	更新时间
IF201406	2119.2	▲19.8	0.94%	2119	2119.6	2128	2082	780967	2014/06/20(31)	15:49:38

看涨期权 (Call)								看跌期权 (Put)						
买价	卖价	最新价	现量	成交量	卖	买	行权价	买	卖	成交量	现量	最新价	卖价	买价
237.9	239.7	237.9	4	6568			1900			12628	34	4.7	5	4.8
188.5	190	188.5	1	2571			1950			6156	1	11.6	12.2	11.6
151.8	151.9	151.9	2	19927			2000			9191	5	24.2	24.7	24.3
118.7	119	118.7	1	5702			2050			7674	44	42.6	42.9	42.6
89.5	90	89.8	10	15298			2100			7106	10	59.8	61.3	59.8
71.3	71.5	71.5	5	19539		☑	2150			7192	3	90.8	91	90.5
47.1	47.2	47.1	5	12045			2200			5904	1	127	126.9	124.4
30.1	30.6	30.4	10	33301			2250			5087	4	161.4	161.1	160
21	21.3	21.3	98	6694			2300			2570	10	196	196	190
17.5	18.2	17.5	1	5531			2350			1414	1	245.4	246.2	238.5
12	12.8	12	1	3757			2400			2479	1	288.3	288.1	281

图 7–16

同时最理想的状态是到期时指数低于行权价，但是最好不要太低，也最好不要高于行权价，因为指数涨太高，向上的空间由于卖出的看涨期权，导致收益有限。而如果指数行情大跌，获得的权利金的对冲作用也是有限，也就是避险的效果有限。

在个股期权下，这种策略比较适合股价波动较小，很少狂飙大涨，也很少暴跌的股票。那么定期卖出 Covered Call 可以作为稳定的现金收益。而同时如果股票本身有较好的股息分派，那么就是所谓的双重红利。公司派大股东因为必须持有一定的股票，只能等待年度的配股配息，并不能产生额外的收益，因此透过这样的掩护性看涨期权策略将可让大股东或经营者来活化手中的股票资产。

美国有不少封闭式基金也采用这种方法。持有一篮子稳定的分红型股票，同时卖出 Covered Call。卖看涨期权收到的权利金和分红作为基金投资者的分红。

这种类型的基金有这么几个好处：

（1）稳定的现金分红。

（2）市场较弱时，由于有卖出的期权的对冲，表现能好于市场。

缺点：在大牛市的时候，所有股票集体飙涨，由于 Covered Call 导致了向上空间被锁定。

因此，此类基金一般的选择还是稳定的蓝筹股，很少选择成长股作为持仓股票。这类基金也比较适合退休基金持有。

二、保护性看跌期权（Protective Put Option，PPO）策略

很多投资朋友在资产规划上总会将“股利”列为年度重要收支来源，毕竟在低利率的时代，靠着公司发放股利甚至会比放银行领取利息来的丰厚。

但股利是跟着公司营运状况而发放，因此股价、公司获利状况、景气循环、产业循环等众多原因将成为领取股利的一个变异因素。

我们可以靠着保护性看跌期权（Protective Put Option，PPO）策略来规避股价波动的问题。这对于一个保守的投资者来说无疑是一个相当有利的衍生性商品。

（1）定义：欧式保护性看跌期权模型。

在连续股利分发的假设下，Black & Scholes（1973）推演出无获利空间之欧式看跌期权评价模型如下：

$$P = K_e^{-r(T-t)} N(-d_2) - S_e^{-q(T-t)} N(-d_1)$$

其中：

$$d_1=\frac{n(S/K)+(r-q+\sigma^2/2)(T-t)}{\sigma\sqrt{(T-t)}}$$

$$d_2=\frac{n(S/K)+(r-q-\sigma^2/2)(T-t)}{\sigma\sqrt{(T-t)}}=d_1-\sigma\sqrt{(T-t)}$$

S 为标的股票价格；K 为执行价格；r 为连续复利无险利率；σ 为股票报酬率的连续标准差；$N(d_l)$ 为代表累积标准正态分布函数；T 为合约尚存到期日（以年计算）；q 为指数（或股票）的持续股利支付率。

得出避险比率为：

$$\delta=e^{-q(T-t)}[N(d_1)-1]$$

这个 Delta 为负值，意味着持有股票的多方可利用买进看跌期权来保值。

看似复杂的一连串公式，但其实重点在于"用拿到的股利做一个买进看跌期权的动作"，类似买保险的概念，在持有现货 + 买进看跌期权后，我们可以规避行情下挫的风险。

而加入保护性卖权后的投资组合损益如图 7–17 所示。

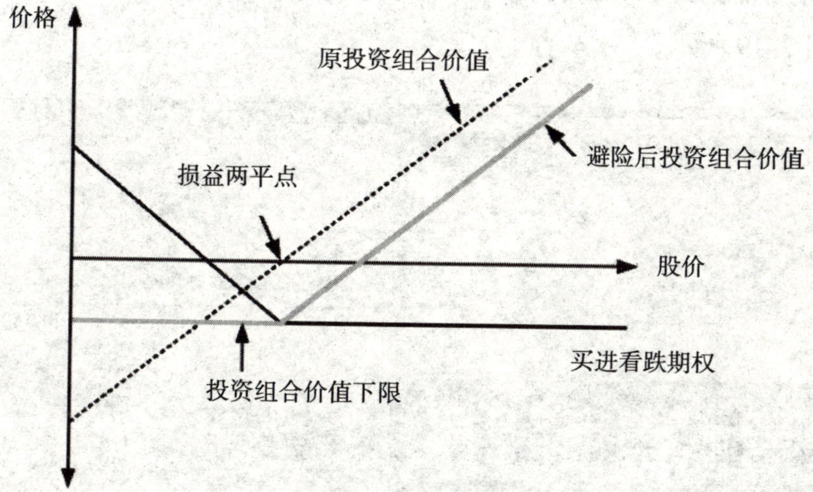

图 7–17

（2）实务操作上来说，我们可以透过期货与期权来做规划。

以沪深300为例，如图7–18所示，我们买进1手沪深300于2164.7（此例透过+Call –Put的方式来建立等同于期货多头的损益）。

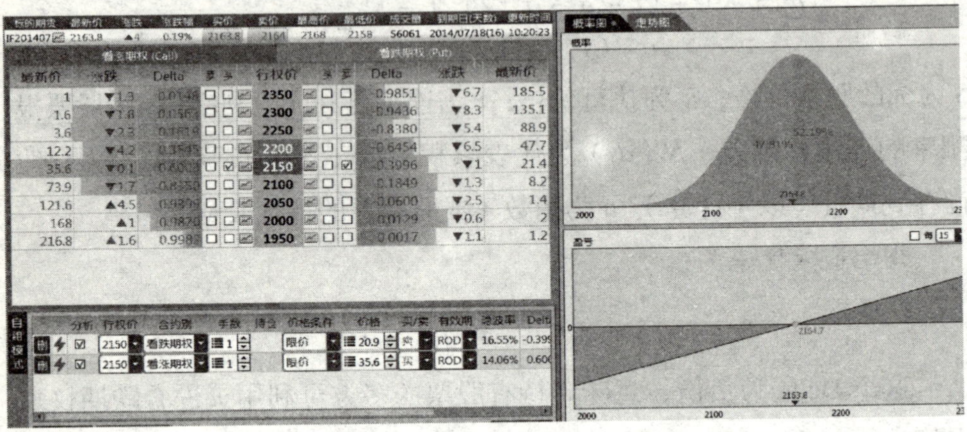

图7–18

很直观的，行情不是向上，就是向下，不是赚钱，就是亏损。但如果我们可以把亏损锁住，是否晚上比较睡得着？是否在资金规划上比较能有系统性的规划？

我们只需加买1手2050的Put即可完成一组保护性卖权的投资组合，如图7–19所示。

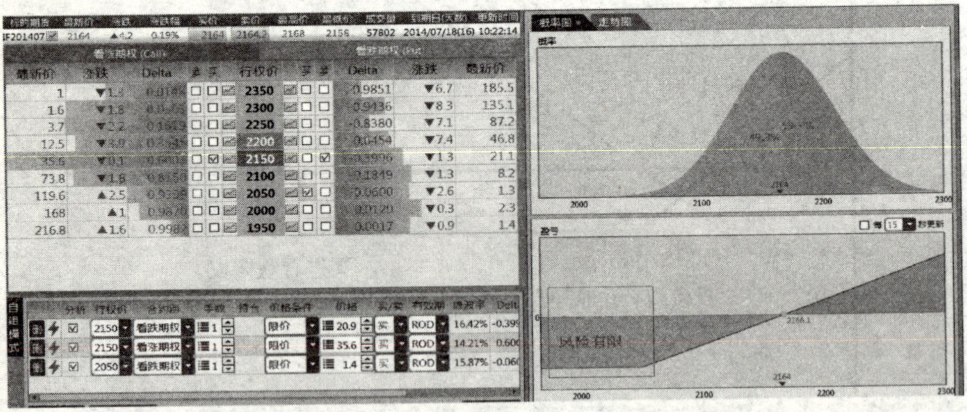

图7–19

很多投资朋友会将保护性卖权认为是多此一举的投资策略，但如果你经历过几次黑天鹅事件，如石油危机、网络泡沫危机、次贷风暴（金融危机）……现货方面你会发现几年下来收取的股利一日之间随着股价崩跌而吐回，期货方面一夜之间面临追缴保证金甚至爆仓。

至于要买进多少手的看跌期权来做保值的工作？这要看手上股票或投资组合整体的价值与Beta值来做调整，Beta值就是目前股票部位与指数的连动性，如果指数上涨10%，而手上股票上涨12%；反之指数下跌10%，而手上股票下跌12%，那Beta值就是1.2。

应避险手数公式如下：

$$\frac{\text{股票部位价值}}{\text{期权合约价值}} \times \text{BETA} = \text{避险手数}$$

（3）小提示：

交易者可以从VIX（恐慌性指标）来做保护性看跌权的进出场规划，当VIX达到一定的程度（需依商品特性去参照，如指数类商品和外汇商品对VIX的解读就不尽相同），我们就进场去做买入看跌期权以避免恐慌性崩盘出现带来的损失。

三、上下限（Collar）策略

以个股期权或ETF期权来说，当持有现货时利用所收取的利息（股利）来做一个买进平值看跌期权并卖出虚值看涨期权组合成一组上下限期权交易策略Collar Strategy，好处是既可往上看多头行情，在空头行情时又不必担心价格上的过度亏损，如果看好的公司（股票）每年稳定持续发放股利，则长期资产曲线将呈稳定的正成长曲线。持有期货多头时也可采取此策略来控制下跌风险并获取上涨利润。

不考虑利率、时间，持有部位如下：

$$S-C+P$$

C为收取看涨期权（虚值）之权利金；P为支出看跌期权（平值）之权

利金；S 为现货价格或是期货价格。

一般情况下，因为是卖出虚值看涨期权，所收到的权利金较买进看跌期权（平值）所支出的权利金为少，因此权利金的净收支将为负值。

最大获利：

Premium（负值）+ Call Strike – Stock（Future）

权利金净收支 + 看涨期权行权价 – 现货（期货）

最大亏损：

Premiun（负值）+ Stock（Future）– Put Strike

权利金净收支 + 现货（期货）– 看跌期权行权价

整体图形如图 7–20 所示：

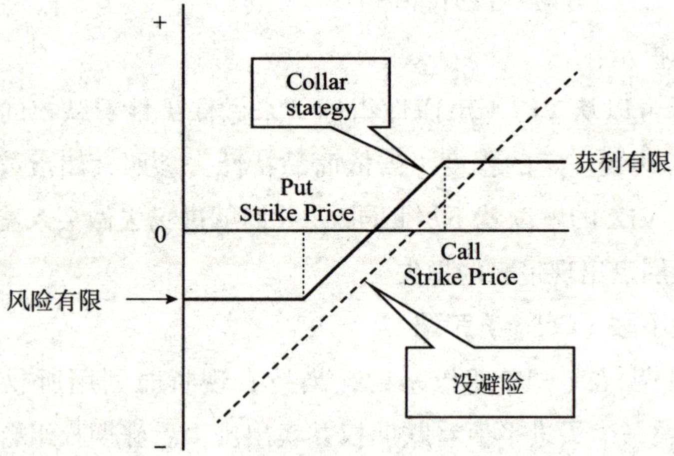

图 7–20

在这交易策略中，我们可以将最大获利点与最大损失点找出来。

最大损失点：买进看跌期权的行权价（Put Strike Price）。

最大获利点：卖出看涨期权的行权价（Call Strike Price）。

第四节　机构法人布局与期权策略

一、机构法人

大型机构法人做法主要是通过量化模式选择交易标的，再通过不同技术分析方式找寻买卖点，另搭配不同的交易工具规避风险。

如图 7–21 所示，我们从中可以看出完整的决策流程，首先通过基本面筛选企业体质优良股票，并放入股票池（Stock Pool）中，等待下一步量化分析模式的挑选，因为已经是基本体质良好，因此透过技术面与筹码面分析后再挑出适合现阶段持有的标的，进行买进或加码持有。当然，机构法人对于手中持有的投资必须进行分析并加以避险或进行套期保值，这些应用的交易策略大都以衍生性商品作为主轴来建构避险模式，目的不外乎在无行情的时候获取时间的报酬或是在行情极为不利的时候以减少损失。

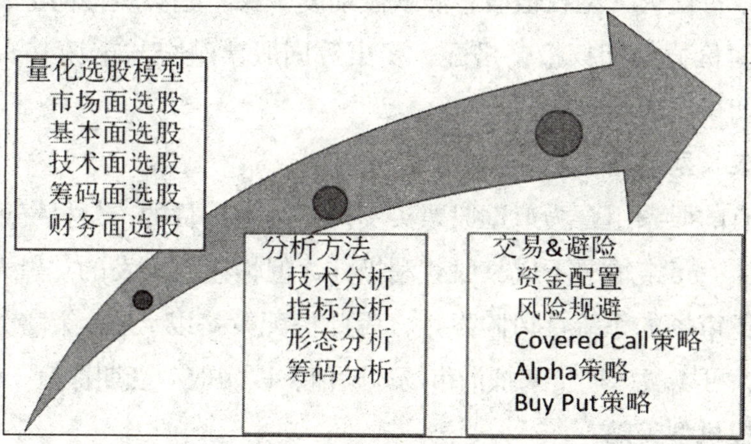

图 7–21

资金配置比重不同，搭配的期权工具也不同。如图 7–22 所示，机构法人配置的资金依不同目的而做不同交易策略。

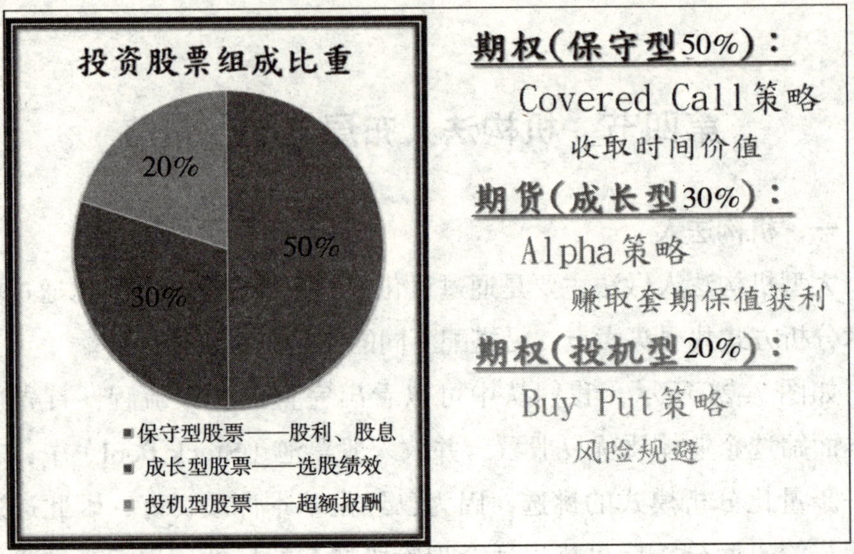

图 7-22

1. 保守型策略

持有的股票组合为稳定型权值股，主要目的在赚取股票股息与股票利润，是投资组合中主要的组成分子。搭配策略以 Covered Call 为主，因为股票特性为大型权值股，涨跌波动度平稳，趋势缓慢向上，可以用收取时间价值的期权策略搭配，卖出等同股票组合与市场 Beta 值比例的看涨期权作为基本获利。

2. 成长型策略

持有的股票组合为追逐股票买卖价差绩效为目的，是投资组合中的获利主体。正常情况下成长股获利极佳，但怕碰到突发的“黑天鹅”事件，造成市场的系统性风险发生，因此搭配策略以 Alpha 策略为主的期货商品，可以卖出期货来抵消市场风险值，以赚取“套期保值”的利润。

3. 投机型策略

持有的股票组合为追逐股票的超额倍数利润，因其为风险报酬比高的组合，故为了规避市场风险，使用 Buy Put 作为相对应风险的个股期权策略为佳，若不幸标的物产生重大的亏损，可以近似完全避险，若如预期大涨，则股票部分获利是持续增加，而我们损失的仅是买进个股看跌期权的固定权利金。

二、何谓 Alpha 策略

通过股指期货套期保值对冲投资组合的系统性风险 Beta 后，锁定超额收益称之为“Alpha 策略”，其最终目的就是在获得市场收益率的同时，追求超额收益的最大化。调整了组合的 Beta 值后，最终获得由选股能力带来的 Alpha 收益，如图 7–23 所示。

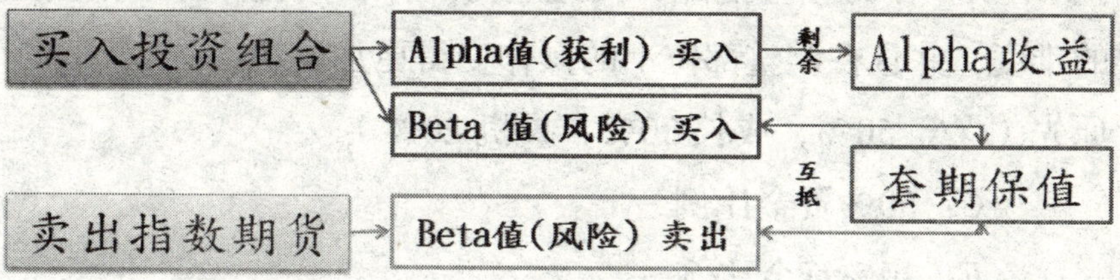

图 7–23

Alpha 策略主要为卖出期货来抵消投资组合中现股的 Beta 风险，而最终获取 Alpha 报酬，若我们依照期货与期权恒等式的原理将期货替换为期权操作，是否可行？

$+S$ 为买进现股；$+F$ 为买进期货；$-F$ 为卖出期货；$+C$ 为买进看涨期权；$-C$ 为卖出看涨期权；$+P$ 为买进看跌期权；$-P$ 为卖出看跌期权。

因为，

$$F=C-P$$

所以，

$$-F=-C+P$$

最后搭配 Alpha 策略的交易变成：

$$+S-F=+S-C+P$$

上述方程式意义：原先“买现股”并“卖期货”变成，“买现股”并“卖看涨期权”与“买看跌期权”。

最终变形的 Alpha 交易期权如图 7–24 所示。

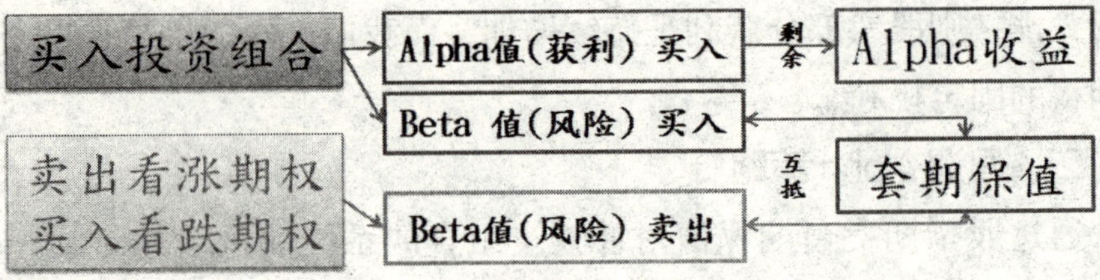

图 7-24

此操作的好处在于与保守型策略的“卖看涨期权”与投机型策略的“买看跌期权”作为呼应搭配，因此连为一体，简化操作不同商品种类多样的难度，并且在调整部位上的操作变得更加灵活。

原先（保守 50%，成长 30%，投机 20%）：

$-C$：50%资金比例

$-F$：30%资金比例

$+P$：20%资金比例

计算：

$-C$：50%资金比例

$-F$：30%资金比例 =$-C$：30%资金比例 $+P$：30%资金比例

$+P$：20%资金比例

变成：

$-C$：80%资金比例

$+P$：50%资金比例

三、保本型商品

通过期权，保本型商品才得以发行及落实。以往也有所谓标榜保本的理财商品，很多是通过结构化的方式将投资者分为优先与劣后两种等级，如果投资赔钱，基本上是先由劣后者的资金去负担，若是赚钱，劣后的投资者享有较高比率的投资回报，优先等级的投资者只享有小部分的投资回报。优先等级的投资者基本上是保本与保息的。只不过这是通过资金的结构化的设计使然，并非投资商品本身的特性。也有所谓的保本 80%，也就是亏损达到 20%时，基金就进行清算，将剩余的 80% 归还给投资者，但这样的设计在亏损时不易翻身，因为当亏损超过警戒线，例如 13%，操盘者往往被迫要降低手中的部位，因为若持有大部位的话，第二天的跳空下挫可能会让亏损超过 20%，这时就会有投资纠纷产生。但若降低部位，一旦行情转为有利，基本上也很难将之前的亏损弥补过来。

现在有了期权，以上的这些困扰都能得以解决，那要如何进行呢？假设我们这档基金向投资者收了 100 元，约定一年后到期清算，这时先找到某家银行，与其约定年初存入 92 元，一年后连同本金加利息共还回 100 元。那期初多出来的 8 元就可以拿来投资，运用期权高杠杆的特性，主要是当期权的买方，因为买方最多就是把投入的资金赔掉而已，不会有超额损失。到年底会有两种情况，第一种情况就是把 8 元赔光了，但幸好银行还回 100 元，这时就将 100 元返还给投资者，投资者最坏的状况保住本金。第二种情况是行情有利，8 元可能增长到 30 元，这时投资者的 100 元资产成长为 130 元，总获利为 30%，如图 7–25 所示。

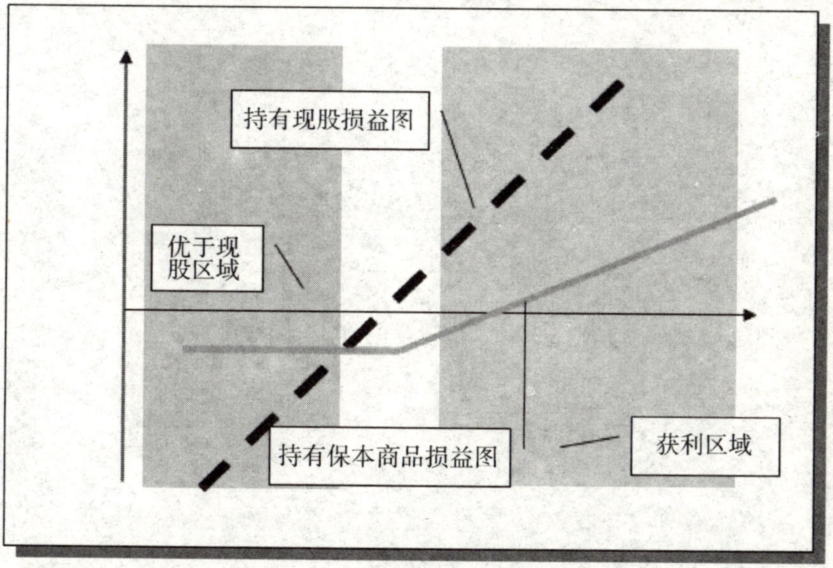

图 7–25

因此，总结保本型商品的结构与特色如下：

（1）产品结构：

Fixed Income+Buy Option 固定收益并买进期权。

（2）产品特色：

①本金保障，并且可完全或部分参与标的物之涨跌；

②适合相对保守投资者，只愿意承担部分的本金损失；

③属于一种“进可攻，退可守”的投资商品。

第八章 期权操盘者的心理武装

在市场交易的投资者，无论老手或是新人，都一定会面对交易上的风险与报酬，如何利用正确的态度与观念达到趋吉避凶，一个成功的交易者必备下面五种能力，通过时间的沉淀而累积出财富。到底是哪五种能力在控制着交易的成败，我们将一一说明。

一、战术与战略

交易上我们都会有一个方向上的主观意见，行情接下来要涨？要跌？还是要盘整？

其实，不同的人在看同一张图，都会看到自己所想的后续行情，预判之后的行情走势如何发展，因人而异，有些人判断的很准，八九不离十，有些人却往往看错，这就是看盘功力的差异。如今有了程序交易软件后，再驽钝的人也可以通过工具来分析过往历史，尽可能在最短时间和成本花费下，达到预测率的大幅提升。

对期权而言，作为期货的衍生商品，当然要关注期货的变化，判断出行情走势后，再搭配本书前面所提到的交易策略，自然能事半功倍。如此周而复始，便能逐渐熟练操作心法，达到时而随势所变，时而稳若泰山的境界。

关键:“期货战略判断正确”的影响高于“期权战术选择正确”的影响。

二、止损止利

有进场买卖，相对就有止损止利的发生，百密一疏是人之常情，再缜密的行情推演规划，到真正下单之后，一个突发状况的产生，也就相对伴随着交易获利或损失的状况发生。

站在期权买卖双方的角度而言，发生同一件意外状况，却是恰恰相反的两种心情，买方喜欢会影响行情牛气冲天，反之卖方喜欢行情龟缩不前，但无论如何请务必严守止损，正所谓“留得青山在，不怕没柴烧”，切莫在一次的输赢中赔上了大部分的资金。市场如战场，如何在无数次的战役后成为赢家？前提是活着的人才有可能成为赢家！

举一个简单的算术例子，相信投资者就可以一目了然了。如图 8-1 所示，假设个人一开始投入 100 万元操作期权，胡乱操作一番后，账户只剩 50 万元，换算下来是亏损了 50%，但你可知这 50 万元要回到原来的 100 万元，可是要获利达到 100%啊？如果更不幸，账户只剩 10 万元，那获利更要达到 10 倍才会回到 100 万元。由此可知，止损止利善设才能长长久久。

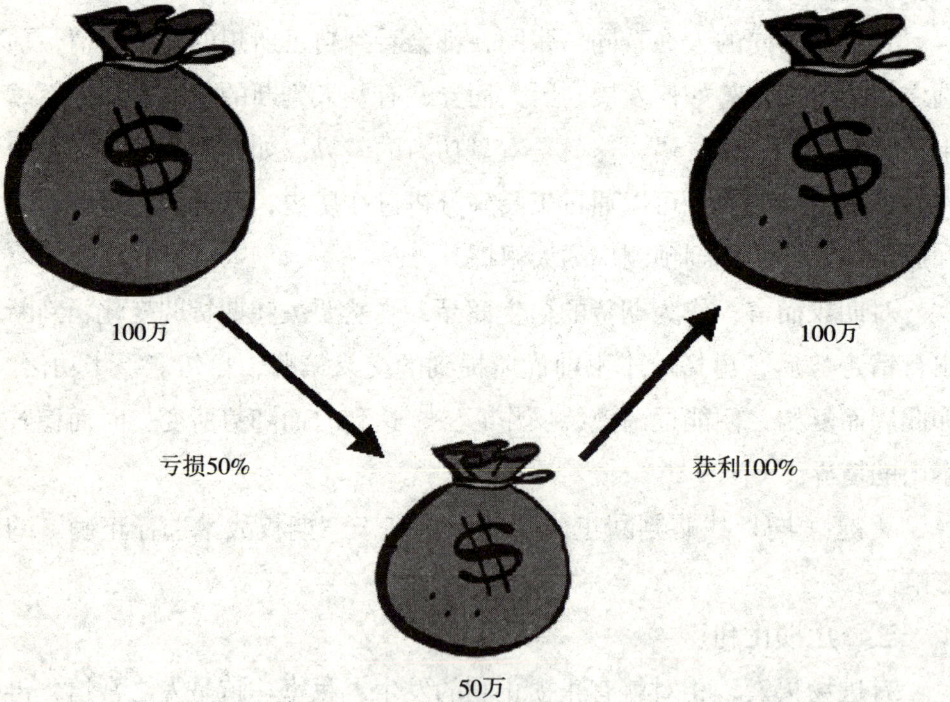

图 8-1

关键："获利金额与止损金额比率"要大于"输次数率与赢次数比率"，且越大越好。

三、市场哲学

控制好自己的情商是一门学问，古有云："定而后能静，静而后能安，安而后能虑，虑而后能得。"尤其在市场行情紊乱动荡的时候最需要冷静的思维，而善用程序化分析，能提供相当大的帮助。

市场上胜败乃兵家常事，胜不骄，而败不馁管理好自己的情商，长久下来在经历无数喜怒哀乐的交易后，淬炼出不骄，不矜且临危不乱的正确态度，有助于交易上的稳定。

常有投资者在一开始投资的时候，运气很好，尝到了获利的甜美果实，伴随多次小胜利后，越来越自我膨胀，最后变成眼中认定市场方向必会与自己方向一致，最终自食其害。也有一些人进入市场后操作不顺，面临连续损失，输到自己都没信心而不敢再做单，一但真正原先看得懂的机会来了，却是临阵止步不前，反而错失良机。

关键：千万别陷入"看对不敢做""做对不敢看""看错一直做""做错一直看"的四种情况。

四、资金管理

资金管理的重要性无所不在，笔者见过无数的期权操盘者，由小资金迅速变成巨资，但也因为资金管理不当而一夕输得精光。

资金管理的层面很广，简单地说就是"量力而为，风险控管"，尤其期权是杠杆操作的商品，一个不小心将会陷入极大风险，投资者不得不谨慎。

常有投资朋友提出疑问，既然机构法人掌握了这么多的信息，拥有高超的操作技巧，一般投资者与之同场较技，岂非是以卵击石，一点儿胜算都没有？但实际上并非如此，笔者见过许多机构法人操盘手，平常操作也是毫无见地，赔钱者亦是多数，但为何机构整体最终年底回报率竟然是大胜？原来机构法人通常会将老板核定的操作资金分配给数个操盘者操作，一旦某位操盘者操作失利，公司的风险管理人员就会要求他先停止操作，等状况调整后再进场，也就是说操盘者只要扮演好操作的角色就好。

关键：资金是作战的子弹，做好风险管理就是最好的防范浪费子弹。

五、严守纪律

行情变化有如《三国志》所言："天下大势，分久必合，合久必分。"多方走完总是迎来空方，而空方力道竭尽也是会出现反转的契机。

行情总在意料之外展开，没错！期权行情尤其如此。也就是说，当我们都能遵守纪律的操作，只要交易心态正常、交易观念正确、交易纪律严守，在市场中就能存活，且遇到大行情也不会不知所措。市场永远是对的，只要尊重市场，命运女神总有一天也会眷顾到我们。

关键：纪律是我们在市场生存的最佳利器。

编后语

邹心凯

期货与期权已有百年以上的历史，自 1970 年后全球期权交易开始热络，但整体市场仍以大型机构法人为主，在网络普及与全球经济一体化后，一般投资者也可以轻易参与，如今期权已成为金融投资工具的重要一环。中国期权市场的推出，更加使得投资选项达到丰富与完整，国内投资者有必要对此商品积极了解，并有机会直接参与投资。本书主要对期权做全面由浅入深的说明，冀希读者了解期权与相对应的交易策略，能扮演工具书的角色，对读者在学习期权时有所帮助。

常言道：“交易无法，唯变是道。”的确，久战市场的老手都有如此体会，市场变幻莫测，与其说要找一套交易理论与方法并不难，但要能持久才是真的困难。市场交易之道每个投资者皆有不同见解，不外乎受到个人资金规模、风险承受与获利满足的差别所影响，因此没有所谓最好的交易模式，只有最适合自己的交易模式，在不断交易淬炼下成功的模式会被自己不断地复制与记忆。曾有人说过，没在市场经历个十年八年是不能体会个中滋味的。因此本书希望将笔者对于市场累积的成功与失败经验分享给大家，尔后在交易路上能够有所借镜或成长，也是本书用意之一。

期权实战的过程是无法用只言片语来详述的，笔者以实战上所累积的经验与读者做交流，无论是老手或是新人在交易过程中都应该未雨绸缪，而不是等到状况发生时再寻补救之法，或许能够在初次期权交易上提供一点帮助。

期权市场充满着无数的希望与危机，虽然说在2002年踏入这个市场的时候心理就已有所准备，但仍无法避免的受到几次重伤，对我而言，12年的时光飞逝如梭，每天就如同新的开始，学习交易的路上笔者并不孤单，有许多志同道合的朋友与我一起同行实感到欣慰，并由衷的希望未来在此途上能够不断地相互砥砺成长。另外特别是我的家人在我跌倒的时候依然支持我、鼓励我、帮助我走出人生的消极，也希望读者将来在交易上碰到烦恼可以寻找舒压方式，毕竟与其一味的沉溺在失败的苦海沉沦，倒不如释放压力后重新出发。当然也要恭喜一出征就获胜的读者，获利的果实是甜美的，要如何持续也是重要的课题。

最后，期权的大门已然开启，敬诸位勇者能找到属于自己的天地。

编后语

高秉宏

很荣幸能和心凯、国晟、禄民副总共同编辑这本书。也在这里再次感谢禄民副总，谢谢你。对我而言，这不仅是编辑出版一本书，从中更是让我大量涉猎有关国内的金融市场、商品规格、交易制度、市场参与者习性，以及交易策略……都在这本书里一览无余。真可说是有心从事国内金融市场交易的一本完整工具书。

笔者本身自 2008 年退伍后投身于台湾期货市场，于 2011 年考取期货分析师（CFTA）证照，任职于期货公司经纪业务共 5 年的时间，2014 年转型致力于顾问工作，希望能让更多朋友对于期货交易更加谨慎小心，而非如无头苍蝇般在市场里乱窜。

很多朋友会认为推广和实务总是冲突的，讲明白些，若绩效如此好为什么不自己赚？实际交易牵涉范围和理论是两回事，知识可以通过书籍、通过有经验者分享而取得。实际操作则要看资金规模、风险承受度、交易目的（避险、投机、投资），以及交易者的市场偏好、操作个性等太多太多的因素，让我觉得市场应该要有更多传播知识的朋友，将正确的交易观念传达出去，以避免初入市场的朋友一开始便陷入泥沼。

2014 年是一个关键的时间。身处台湾从事金融业的朋友，国内金融市场已是你我不可避免的金融市场，其交易时间上与台湾相同（我认识许多早上做台湾市场，下午做欧盘，晚上还要盯美盘的朋友，不到 3 年的时间已白发苍苍）。若有一个同语系、同时区、流动性佳的市场这肯定对交易者更有帮助。

最后跟各位读者分享一个我从交易成功的人身上发现的一个特质，他们有着跳跃式的思考以及永远对市场充满热忱，账面输赢列为数字而非影响生计的因素，更不会影响心情、影响家庭。若你是这样的投资朋友，成功之日将指日可待。

编后语

洪国晟

期权与期货并列为衍生性金融商品的重要基石，是资本市场不可或缺的金融创新与风险管理工具，在全球主要金融市场，期权都已是成熟的交易工具与标的。可预见的，中国的期权市场在未来几年，正如一轮骄阳缓缓自东方升起，势必在全球市场上发光发热。

编者于国内服务的最初短短三个月之内，跑了全国 13 个城市，超过 2000 人次听讲期权课程，让我深切感受到国内对于期权知识的不足与需求的急迫。我想用不了多久，中国的期权市场将进入一个百家争鸣、群雄并起的时代，在金融市场中的参与者，不论是机构中的做市商或者风险子公司的场外期权发行，追求新的投资收益来源或风险风散的私募基金及投资公司，追求投资收益或资产配置效果的一般投资者来说，都会对期权市场摩拳擦掌，跃跃欲试。

就市场瞩目的品种来看，有上交所的个股期权、中金所的股指期权、上期所的铜、黄金期权、郑商所的白糖期权、大商所的豆粕期权。大面积的覆盖了市场上的套保与投资需求，在套保与投资上，期权相对于以往市场上所熟悉的线性商品有更多的变化，也能够实现更多投资单位的业绩需求，但在相关的策略使用上，就需要更深的学习与理解，希望本书能作为读者的案头工具书，在每一个决策结点上都能提供给读者有所指引与启发。

对任何一种投资交易工具来说，风险与报酬就像天秤的两端，永远是并行且存在的，期权当然也不例外，任何品种上要能够达成获利的基础素质，在期权市场上也必须要有。但一个期权交易者能够通过期权的策略特性，进行风险、报酬、酬险比、胜率、时间、成本等的相互置换，达成交易决策业绩最大化或风险最小化的业绩样态，这就是期权相对于其他交易的优势。预祝所有的读者都能把握这份优势在市场上大展宏图，有所斩获。